中国科普作家协会国防科普委员会推荐图书

舰船科普丛书

国之重器

中国船舶及海洋工程设计研究院
上海市船舶与海洋工程学会
上海交通大学

主编

液化气船

张富明　曹大秋　张海瑛

编著

上海科学技术出版社

图书在版编目(CIP)数据

液化气船 / 中国船舶及海洋工程设计研究院, 上海市船舶与海洋工程学会, 上海交通大学主编; 张富明, 曹大秋, 张海瑛编著. —上海: 上海科学技术出版社, 2020.1
(国之重器: 舰船科普丛书)
ISBN 978-7-5478-4630-8

Ⅰ.①液… Ⅱ.①中… ②上… ③上… ④张… ⑤曹… ⑥张… Ⅲ.①液化气体船-青少年读物 Ⅳ.①U674.13-49

中国版本图书馆CIP数据核字(2019)第216204号

舰船科普丛书

液化气船

中国船舶及海洋工程设计研究院
上海市船舶与海洋工程学会　**主编**
上　海　交　通　大　学

张富明　曹大秋　张海瑛　**编著**

上海世纪出版(集团)有限公司
上海科学技术出版社　出版、发行
(上海钦州南路71号　邮政编码200235　www.sstp.cn)
上海盛通时代印刷有限公司印刷
开本 787×1092　1/16　印张 13.25
字数 200千字
2020年1月第1版　2020年1月第1次印刷
ISBN 978-7-5478-4630-8/N·188
定价: 80.00元

本书如有缺页、错装或坏损等严重质量问题, 请向工厂联系调换

内容提要

液化气船因技术难度、建造难度和社会经济价值高,被称为"三高船舶",特别是液化天然气船,以-163摄氏度的超低温运输被喻为"超级冷冻车"。液化气船因运输易燃、易挥发液货,使众多国家望而却步,成为世界上只有少数几个国家能建造的船舶,从而被誉为"造船工业皇冠上的明珠"。因此,能不能建造液化天然气船,除了代表一个国家的造船能力,也体现了一个国家的综合国力。

本书从液化气的特性入手,介绍了液化气船的分类、设计建造的技术难关,以图文并茂的形式展示它的特点、特殊设备。同时,也介绍了液化气船发展历史,特别是我国船厂以十年磨一剑的精神,摘下液化天然气船这颗璀璨明珠的艰难历程。

本书通俗易懂,意在激发读者尤其是广大青少年的爱国情怀,投身到祖国的舰船事业中。

国之重器——舰船科普丛书

编委会

■ 主　任

邢文华

■ 副主任

黄　震　卢　霖　林　鸥　盛纪纲　胡敬东
韩　华　张　毅

■ 委　员

陈　刚　沈伟平　姜为民　李小平　黄　蔚
赵洪武　王　洁　冯学宝　王　磊　张莉芬
张达勋　张　超　景宝金　吴伟俊　倪明杰
许　刚　孟宪海　王文凯　韩　龙　余继亮

国之重器——舰船科普丛书
专家委员会

■ **主　任**

曾恒一　潘镜芙

■ **副主任**

韩　华　郑茂礼　郑　晖　杨德昌　田小川

■ **委　员**

王佩宏　张照华　郭彦良　张关根　杨葆和
俞宝均　张文德　张福民　涂仁波　毛献群
张祥瑞　马　涛　吴正廉　徐寿钦　陈德耀
张仲根　戴自昶　张　帆　田立群　罗杏春
马炳才　刘厚恕　张太佶　张富明　李志刚
李新仲　谢　彬　王建方　李刚强　吴　刚
徐　萍　王彩莲　张海瑛　仲伟东　于再红
丁伟康

国之重器——舰船科普丛书
编辑部

■ 主 编

张 毅

■ 编写人员（以姓氏笔画为序）

于再红	卫琛喻	王 庆	王 建	王 莉
王建方	韦 强	曲宁宁	任 毅	刘积骅
祁 斌	牟朝纲	牟蕾频	杨 添	李 成
李刚强	李招凤	吴贻欣	邱伟强	张宗科
张富明	林伍雄	范永鹏	尚亚杰	尚保国
罗杏春	单铁兵	赵吉庆	段雪琼	俞 赟
施 璟	洪 亮	姚 亮	贺慧琼	秦 硕
徐春阳	唐 尧	陶新华	黄小燕	曹大秋
曹才轶	曹永恒	梁东伟	韩 龙	虞民毅
魏跃峰				

总 序

　　海洋之美，浩瀚、静谧、神秘。人类生存的地球表面71%覆盖着海洋，陆地被海洋包围着，仿若不沉之"舟"。

　　中华人民共和国，既是一个拥有960万平方千米陆地疆域的陆地大国，也是一个东部和南部大陆海岸线约1.8万千米、内海和边海的水域面积约470万平方千米、海域分布有大小岛屿7 600多个的海洋大国。提高海洋资源开发能力、发展海洋经济、保护海洋生态环境、坚持维护国家海洋权益、建设海洋强国，事关国家安全和长远发展，也对实现中华民族伟大复兴的中国梦具有十分重要的战略意义。

　　工欲善其事，必先利其器。经略海洋，装备当先。只有拥有强大的海洋装备作支撑，才能形成强大的海上力量，才能保障安全可靠的海上能源和贸易通道，才能拥有海洋权益的话语权。能犁开万顷碧波的舰船，正是建设海洋强国的"国之重器"。

　　经过几代中国舰船人的努力，我们取得了骄人的成绩。第一艘航母已交接入列，第二艘航母又下水海试；新型弹道导弹核潜艇受到世界各国的关注；"滨州"号护卫舰、"昆仑山"号船坞登陆舰等在亚丁湾为过往船只保驾护航；"临沂"号护卫舰参与也门撤侨，彰显大国担当；"和平方舟"号医院船多次赴海外开展医疗服务和救灾援助；自主设计制造的20 000箱超大型集装箱船助力中欧航线的运输；"天鲲"号绞吸挖泥船向世界展示什么叫作历练终成金；"雪龙2"号科考船即将承载起极地探索的使命……

　　这一个个令人振奋的消息背后，是"国之重器"建设大军只争朝夕、锐意进取、拼搏奋斗、攻坚克难的身影。"功以才成，业由才广"，世上一切事物中人是最宝贵的，一切创新成果都是人做出来的。硬实力、软实力，归根到底要靠人才实力。科技发展史证明：谁拥有了一流创新人才、拥有了一流科学家，谁就能在科技创新中占据优势。

　　在中国建设海洋强国的道路上，"国之重器"建设大军的每一个岗位都必须后继有人，有人传承，有人接班！

少年强则中国强。为增强青少年的海洋和国防意识，普及舰船和海洋工程科学知识，我们编撰了一部以青少年为主要对象、面向公众的科普读物"国之重器——舰船科普丛书"（简称"丛书"）。丛书以舰船为主线，全面展现新中国成立近70年以来，自主研制国之重器的艰难历程及取得的辉煌成就，使广大青少年从中汲取知识、增长才干、坚定信念、强化担当。

这套丛书共20分册，涵盖海洋防卫、海洋运输、海洋科考、海洋开发等方面，包括：海上霸主——航空母舰、深海巨鲨——潜艇、海上科学城——航天测量船、探究海洋奥秘的科学考察船、造船工业皇冠上的明珠——液化气运输船、海上巨无霸——集装箱船、超大型油船、造岛神器——大型挖泥船、海上石油城——钻井平台等。

丛书由从事舰船和海洋工程科研、设计、建造的100余位专家、技术骨干和青年科技工作者执笔，并经30余位专家审阅，历时2年编写而成。

当代青少年和公众涉猎面广，超前意识和多维立体思维能力强，具有令人刮目相看的理解能力。丛书撰写者充分考虑到青少年和公众读者的阅读要求，量身定制、兼收并蓄，将舰船知识图谱化，采用重点讲解、型号示例等方法，使专业知识通俗易懂，增强了丛书的可读性。

博览众采，传承知识。丛书通过科学的体例设置，涵盖军用舰船、民用船舶和海工装备的相关知识，体系庞大而有序，知识通俗而有内涵，突出展现了丛书内容的鲜明特色，使广大青少年读者一书在手，舰船在胸。

—— 图谱化的舰船知识。丛书坚持知识性与趣味性相结合，以图文并茂的形式对一些典型舰船进行集中讲解，以便让读者掌握舰船的特点。

—— 通俗化的专业知识。丛书坚持专业性与通俗性的有机结合，用朴实的篇章构建舰船知识链，用易懂的语言精准描述舰船的工作原理、性能特点。

—— 人文化的历史知识。丛书追溯舰船诞生的起点，展望舰船发展的未来，彰显舰

船历史的人文特色，描绘出一幅幅人类设计建造舰船、塑造海洋文明的生动画卷。

拓展视野，启迪心智。丛书以舰船为载体，为广大青少年读者打开了世界舰船知识之门、中国舰船科技之窗，让读者驾驶生命之船，扬起思想风帆。

—— 认清大势，强化理念。丛书以舰船为媒，引导读者正确认识世界和中国。半个多世纪风雨兼程，中国船舶装备在变，舰船航迹在变，唯有"国之重器"建设者们"忠于党、忠于人民、忠于国家"的初心不改，信仰不变，继续弘扬突破自我、敢为人先的工匠精神，锲而不舍，发愤图强，国家利益所至，科技创新必达！

—— 明确主题，播种梦想。丛书以中国舰船制造励精图治、自力更生、发奋图强、勇创辉煌的历史红线，为每个青少年播种梦想、点燃梦想，让更多青少年敢于有梦、勇于追梦、勤于圆梦。

激扬青春，陶冶情操。理想指引人生方向，信念决定事业成败。丛书倾诉舰船昨天之历史故事，弹奏舰船今天之恢宏篇章，高歌舰船明日之瑰丽远景。

—— 弘扬爱国主义精神。丛书立足民族、面向世界，旨在激发广大读者的爱国情怀；以科学的视角，生动介绍了新中国成立以来我国舰船及海洋工程研制所取得的成就，讲述一代又一代科技人员怀着深厚的爱国情怀，为中国舰船事业发展所作的贡献。

—— 倡导奋进创新思想。丛书用世界舰船的历史史实启发读者认知：创新是民族进步的灵魂，是一个国家兴旺发达的不竭源泉。广大青少年读者应敢为人先，勇于解放思想、与时俱进，敢于上下求索、开拓进取，树立雄心壮志，努力超越前人。

—— 激励艰苦奋斗精神。丛书用中国舰船的历史史实引领读者感悟，我们的国家、我们的民族，从积贫积弱一步一步走到今天的繁荣富强，靠的就是一代又一代人的顽强拼搏，靠的就是中华民族自强不息的奋斗精神。

2016年5月30日，习近平总书记在全国科技创新大会、两院院士大会、中国科协第九次全国代表大会上的讲话指出：科技创新、科学普及是实现创新发展的两翼，要把科学普及放在与科技创新同等重要的位置。希望广大科技工作者以提高全民科学素质为己任，在

全社会推动形成讲科学、爱科学、学科学、用科学的良好氛围，使蕴藏在亿万人民中间的创新智慧充分释放、创新力量充分涌流。"国之重器——舰船科普丛书"正是习近平新时代中国特色社会主义思想的生动实践。

愿："国之重器——舰船科普丛书"构建一座智慧的熔炉，锻造中国青少年威武铁甲！

愿："国之重器——舰船科普丛书"筑起一个知识的平台，助力中国青少年纵横海疆！

愿："国之重器——舰船科普丛书"插上一双理想的翅膀，引领中国青少年翱翔海天！

曾恒一　潘镜芙

中国工程院院士

2018年8月

前言

　　液化气船是运输液化石油气和液化天然气的专用船舶,是20世纪50年代后期逐渐走向成熟的新颖船型。因技术含量高、建造难度大和经济附加值高(简称"三高"),液化气船被称为"造船工业皇冠上的明珠"。

　　当今世界,能源是制约一个国家经济发展的重要因素。液化气,特别是液化天然气,作为一种清洁、高效、廉价的新能源,可以减少大气污染,满足经济日益发展的能源需求。掌握液化气船,特别是液化天然气船(简称"LNG船")的设计建造技术,是解决能源需求的有效途径之一,也是中国造船人为之奋斗了几十年的梦想。从20世纪90年代设计建造液化石油气船(简称"LPG船"),到2008年建成液化天然气船,我国先后攻克了特殊超低温液货围护系统、耐超低温液货驳运系统和特殊的动力控制系统等技术难关。中国的造船技术人员终于摘取了这颗造船工业皇冠上的明珠,实现了梦想。

　　液化气船,特别是液化天然气船,与其他常规船舶最大的不同是必须将液化气加压或冷却变成液体运输,这往往就需要对其进行超低温运输。对液化石油气来说,低温是-48摄氏度;对液化乙烯来说,低温是-104摄氏度;而对液化天然气来说,低温则要达到-163摄氏度。保持这样的低温就必须要掌握最先进的超低温制冷和保温技术、耐低温钢材的焊接技术和控制高温差收缩变形技术。这些技术难题在我国造船人的不懈努力下,终于一个个被攻克了!这种世界上只有少数发达国家的个别船厂才能建造的"三高"船舶技术领域,也有了我们的一席之地。

　　雄关漫道真如铁,而今迈步从头越。我们正站在一个新的起点上,向着新的高峰攀登。

　　为了让更多的青少年走近并了解液化气船,本书围绕液化气船的特点、特殊设备和建造难度进行了介绍,从液化气的来源、特性、用途和运输要求入手,介绍了液化

气船的发展历史、类型和作用，特别是重点介绍了我国液化石油气船、液化天然气船的发展历程和取得的成就，以及世界液化气船的未来发展方向。

本书图文并茂，力求通俗易懂，努力以生动的比喻来说明有关的科技概念和攻克的技术难关，使青少年了解液化气船的基本工作原理、设计建造知识等，并为有志投身于该事业的青少年打开一扇窗，奠定良好的知识基础。

作者

2019年11月

舰船科普丛书

目　录

第1章
走近液化气 / 1

液化气——大自然馈赠的神奇礼物 / 3

国民经济中的非凡地位 / 9

摸清特性很重要 / 12

想要运输不容易 / 16

第2章
造船工业皇冠上的明珠——液化气船 / 23

繁荣的大家族 / 25

艰难的发展历程 / 52

特点大扫描 / 71

比飞机造价昂贵的船 / 85

第3章
独门"法宝"和"保护神"
——液化气船的独特装置 / 89

液化气的"乾坤大挪移" / 93

海上超级保"冷"库 / 108

货物存储保压的"安全法宝" / 112

防火、灭火神器 / 123

第4章
我国液化石油气船建造的快速崛起 / 129

引进液化石油气船 / 131

自主设计建造液化石油气船 / 132

攻克最大容积液罐多项难关 / 133

建造多型先进液化石油气船 / 134

第5章
我国液化天然气船的诞生与发展 / 145

全力备战液化天然气船 / 147

攻克三大特殊核心部件 / 149

精益求精的建造与安装 / 154

在薄如纸的钢板上"绣花" / 156

"浩瀚星空"中寻找针眼般的漏点 / 158

十年铸剑摘取"皇冠明珠" / 161

多型液化天然气船相继诞生 / 165

第6章
液化气船的未来之路 / 181

船型趋向多样化 / 183

动力更加绿色化 / 188

控制走向无人化 / 190

进军寒区抗冻性 / 191

参考文献 / 193

后记 / 194

第 *1* 章
走近液化气

液化气船作为一种专门用于运输液化石油气或液化天然气的船舶，属于民用货船范畴，其中运输液化石油气的称为液化石油气船（简称"LPG船"），运输液化天然气的称为液化天然气船（简称"LNG船"）。但如果就此认为它仅仅是一个"拉货的"，那就大错特错了，因为它可是被造船界公认的技术含量高、建造难度高和附加值高的"三高"船舶，简直就是民船界的"高富帅"，特别是液化天然气船，其建造难度堪比航母，因此常与豪华邮轮三者一起被誉为"造船工业皇冠上的明珠"！

正因为液化气船是"三高"船舶，且其中液化天然气船的建造难度是最高的，因此，目前世界上只有美国、欧洲、日本、韩国、中国等少数国家（地区）的少数造船厂能够完成建造，又因为液化气船的自主建造能力关系到一个国家的能源结构、国计民生等重大战略规划，因此是当之无愧的"国之重器"！

那么，液化气船凭什么能够获此美誉，其战略地位为何如此重要呢？这还要先从液化气船运送的货物——液化气说起！

> 图1 进港中的液化天然气船

第1章 走近液化气

液化气
大自然馈赠的神奇礼物

液化气，与我们每个人的生活都息息相关。比如，我们平时使用的燃气灶、火锅、热水器等的燃料，包括现在许多电厂发电的燃料都是液化气，因此可以说是液化气燃烧了自己，才为我们换来了美味的食物、舒适的生活和冲破黑暗的光明！伟大吧，它可真是人类密不可分的朋友！

那么我们人类这个无私的朋友——液化气，它的真实身份到底是什么呢？

液化石油气是呈液态的石油碳氢化合物，其成分主要是含3个碳原子的丙烷和4个碳原子的丁烷两种可燃物质。液化石油气是很轻的碳氢化合物，无味、无毒，且容易从较轻或较重的碳氢化合物中净化出来。

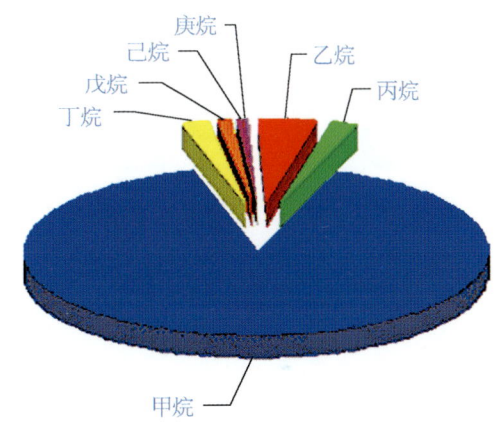

> 图2 天然气成分

表1 石油气成分

成 分	分子式	分子量	饱和蒸汽压/MPa（绝）37.6℃	密度/（kg·m^{-3}）15.6℃
丙 烷	C_3H_8	44.097	1.3	507.7
正丁烷	C_4H_{10}	58.124	0.36	584.4
异丁烷	C_4H_{10}	58.124	0.49	563.1
丙 烯	C_3H_6	42.081	1.6	521.8
1-丁烯	C_4H_8	56.108	0.44	601.1

液化天然气是除掉天然气中有毒的不纯杂质（如硫和一氧化碳）后，被液化的呈液体状态的纯净天然气，其主要成分是有1个碳原子的甲烷，少量含有2个碳原子的乙烷。液化天然气是比液化石油气更轻的碳氢化合物，无色透明，无毒，不腐蚀。

了解液化气的真实身份后，我们再来看看它们是如何产生的。

石油气的来源比较单一，主要是来自炼油厂的副产品。人们在将石油提炼成汽油、柴油、煤油等精制油料的过程中，从石油中分离产生了石油气，这些石油气俗称"炼厂气"。

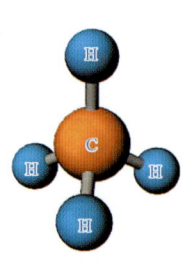

> 图3 甲烷分子结构模型

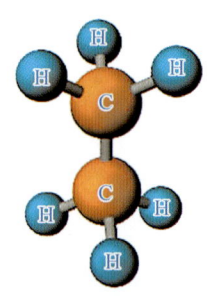

> 图4 乙烷分子结构模型

> 图6 液化气常温下蒸发大量气体

在正常大气条件下，石油气和天然气是以气态形式存在，如放在一个容器中，它就会充满整个容器，这时密度就会很小，即单位体积内含液化气的质量很小。但为了存储、运输方便，通常通过压缩、冷却等手段，将其变成液体，所以称为"液化气"。如果将液化气倒进一个杯子里，它就会很快蒸发，消失得无影无踪。

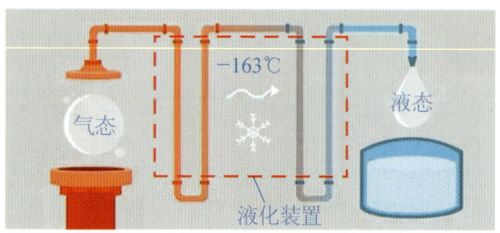

> 图5 天然气液化

碳氢化合物

石油气和天然气都是碳氢化合物。甲烷的化学分子式是CH_4，乙烷的化学分子式是C_2H_6，丙烷的化学分子式是C_3H_8，丁烷的化学分子式是C_4H_{10}。

这些化合物都包含氢原子和碳原子，但是原子数量各异。拥有更多碳原子的气体质量更重，沸点更高。甲烷中所含的碳原子最少，沸点最低，然后依次是乙烷、丙烷、丁烷。

工业中，常把含1个碳原子的化合物俗称为碳1化合物，然后依次为碳2化合物、碳3化合物等。

天然气产生途径较多，主要有三种：一是气田气，主要来自天然气气田的开采；二是油田气，来自油田开采时伴随产生的天然气，又称"石油伴生气"；三是炼厂气，来自石油炼制过程中产生的天然气。

20世纪早期，人们从石油中提炼出汽油、煤油、柴油、润滑油等主要产品，而伴随产生的石油气及少量天然气等油气是辅助产品，因为这些伴随产生的气体容易发生危险，就需要将其运送至烟囱顶进行充分燃烧。在油气田开采过程中，也会分离出许多气体，这其中就有在地下高压条件下溶解于石油中的天然气，天然气到了地面上因压力下降就会从石油中分离出来。

人们虽然知道这些天然气很有用处，但因技术原因，在早期也只能就地送至烟囱燃烧。20世纪70—80年代，人们还可以看到石油化工厂的烟囱顶部燃烧这些气体的火光。随着技术的进步，科技人员发现了回收提炼过程中产生的油气的方法，并开始将其回收，才有了现在被视为"宝贝"的石油气和天然气。

因此，我们可以得知石油气和部分天然气可以通过石油炼制而得，但大量的天然气还是通过天然油气田直接开采得到，它们可以说是大自然馈赠给人类的宝贵财富！

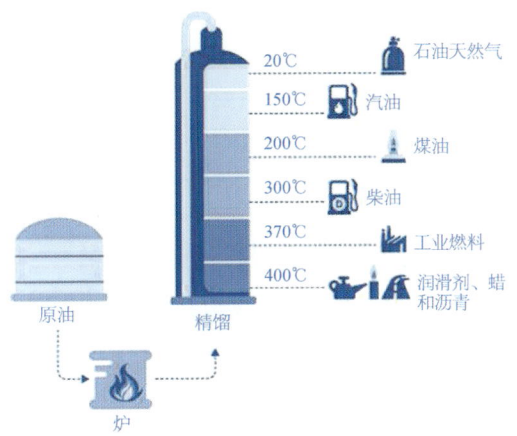

> 图7 石油炼制产生石油气和天然气

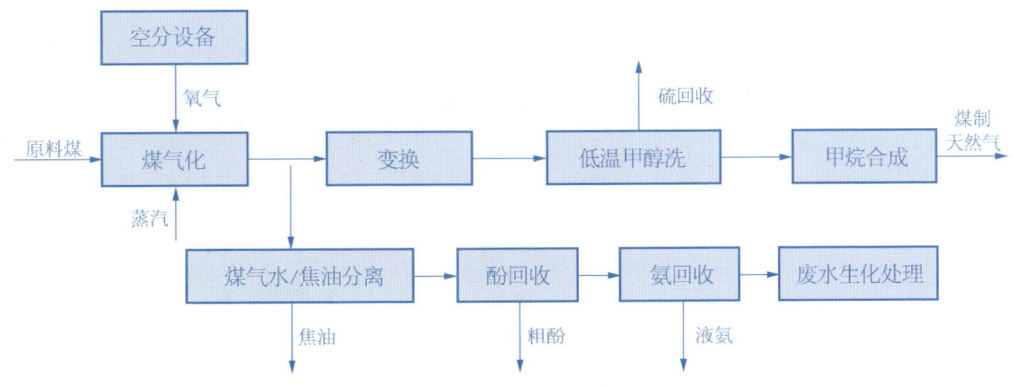

> 图8 回收提炼石油气和天然气流程

石油和天然气的形成

现代科学大多认为一切石油资源都源于有机物。一种典型情况是：动植物死亡并沉积于静水之中——沼泽、河湾、入海口或深海；有机物物质沉淀下来后成为沉积物；沉积物不断堆积加厚，最终在底层形成了矿物质，并开始压缩变为沉积岩。

千百万年中，地球上的火山爆发、地震肆虐，沧海变桑田，沉积物压至地面之下，沉积物堆积的压力和地球自身的温度使有机物温度上升，开始将死亡的生物转化成油母岩，它就是石油和天然气的前身。

在条件适当且温度处于60～150摄氏度（俗称"石油窗口"）时，油母岩会变成石油；如果温度继续升高至150～200摄氏度（俗称"天然气窗口"）时，油母岩会变成天然气。

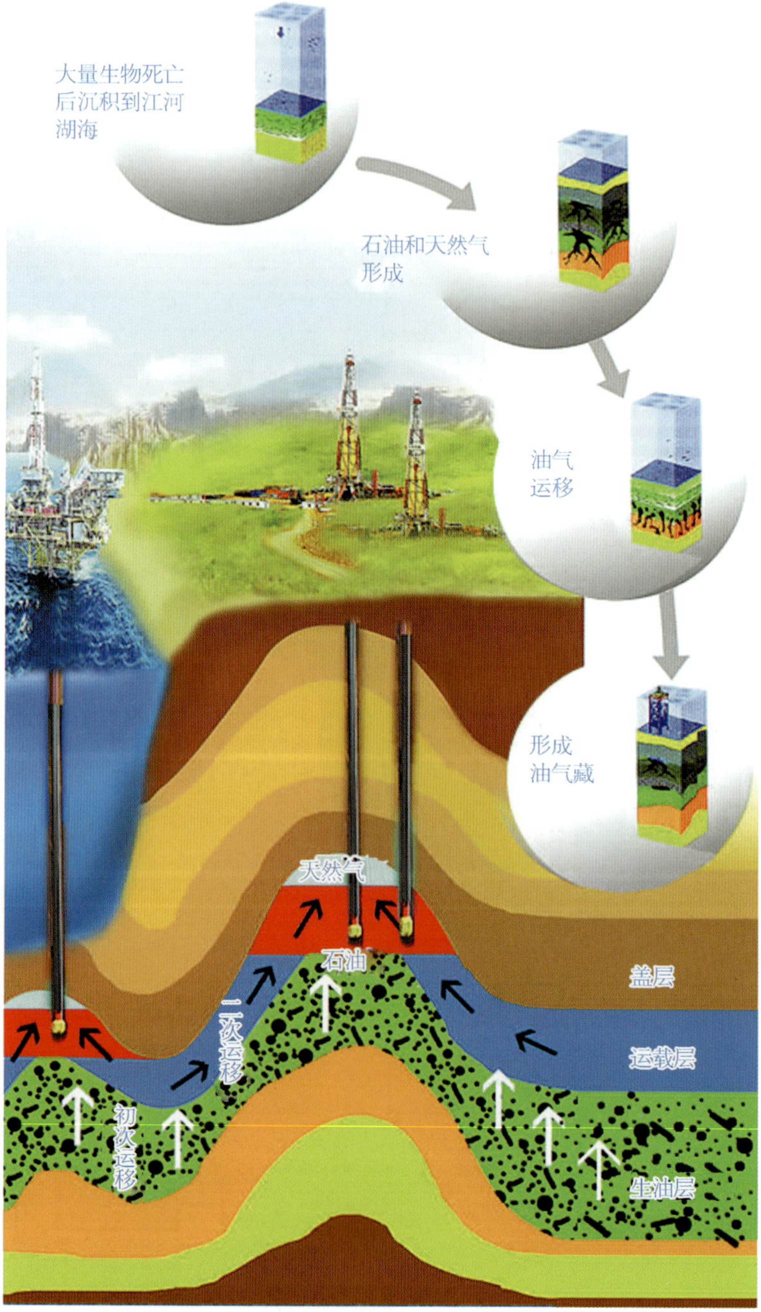

> 图9 油气形成过程

当然，石油和天然气的形成通常是一个漫长的过程——几百万年形成沉积岩，接下来的几百万年有机物质变成油母岩，经历了漫长的地质年代后，最终转变成石油和天然气。

有机物质的种类也非常重要：木质沉积物大多形成天然气，藻类沉积物可以形成天然气和石油。这些都属于天然气的热形成。另外，天然气也能通过生物作用而形成，这种方式形成的也俗称"沼气"。

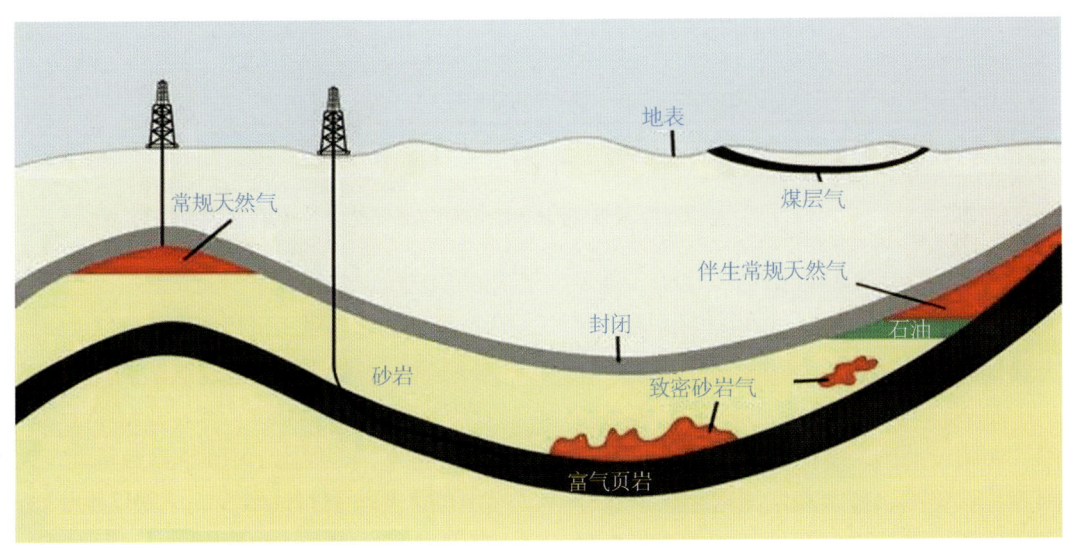

> 图10　天然气与石油勘探

天然气从地下被开采出来，不可避免地含有一些杂质。如果将含有不同成分的混合气体全部冷却直到甲烷变成液体，其他含碳原子多的成分，不但会先变成液体，甚至可能已成为固体。更何况这些气体中可能含有水分、二氧化碳和其他杂气，它们会率先冷却变为固体。这样结果就会一团糟，变成"一坨稀泥"。

显然，混合气需要经过提纯才能得到天然气。提纯气体的第一步是先将气体净化，即去除不需要的杂质（如硫化氢、二氧化碳等）；净化处理后，下一步便是需要脱水，即去除混合气中的水分，以免锈蚀天然气储存设备。

天然气脱水的方法主要有低温分离法、溶剂吸收法、固体吸附法等，最后根据气体中不同成分的沸点不同，将它们分别转化为液体加以分离。

虽然天然气是大自然无私馈赠给人类的宝贵财富，但是它在地球上的分布却极不均匀。从全球范围来看，目前勘探到的天然气储量最丰富的国家主要有俄罗斯、

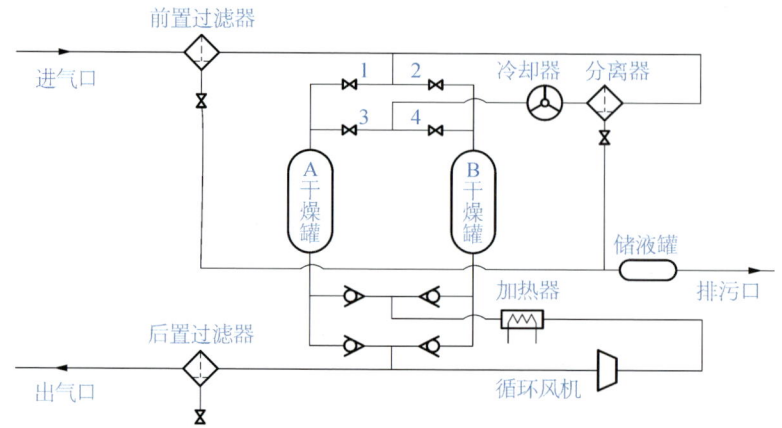

> 图11 零排放低压天然气脱水工艺流程

伊朗、卡塔尔、沙特阿拉伯、美国、澳大利亚、土库曼斯坦等,这些国家所拥有的天然气资源占世界天然气储量的80%。

而全球用气量最大的国家主要是英国、法国、德国、美国、日本、韩国和中国等。除美国、德国和法国可用管道运输天然气外,其他国家和地区都需要靠船舶来进行运输,这就是迫切需要发展液化气船的原因。

据2016年统计,世界液化天然气进口量中日本第一、韩国第二。目前,中国的天然气探明储量约3.8万亿立方米,在全球范围内属于中等水平,但由于中国人口数量大,天然气的人均占有量比较少。从2017年开始,中国的天然气用气量大幅上升,已超过韩国,直逼日本,成为世界第二用气大国。

> 图12 低温分离法设备

第1章 走近液化气

国民经济中的非凡地位

自从石油和天然气渗出地表那一刻，人类就认识到闪电会点燃这些从地表渗出的东西，于是人类就开始使用这些可获取的天然气。

我国天然气开采及利用有着悠久的历史。大约公元前500年，我国已经开始使用竹制的管道收集从地表渗出的气体，用它的热量来蒸馏盐水。

据《史记》记载，早在公元前3世纪的战国时代，担任秦国蜀郡（即今成都一带）太守的李冰，也就是主持修建都江堰的水利专家，曾在今天的四川邛崃一带凿井汲卤，并利用开采盐井过程中取得的天然气煮卤熬盐。

明朝中期，四川浅层自流井天然气的开发规模已相当庞大，地面的输送管线已形成比较完善的运输系统。这不仅是一项在当时令人惊叹的工程，即使在今天看来，仍然闪烁着智慧的光芒。

在没有工业技术的情况下，新能源只是利用燃烧产生的热能烧水、煮饭。随着工业技术的发展，电力资源越来越重要，发电的燃料起初是煤，然后是石油，现在天然气已成为仅次于石油和煤的发电燃料的"第三支柱"。

当然古人对天然气的应用还只是冰山一角。随着天然气的开采、液化及运输等技术的相继攻克，液化气作为新型、清洁的能源，逐渐突现出其国之重"气"的地位。

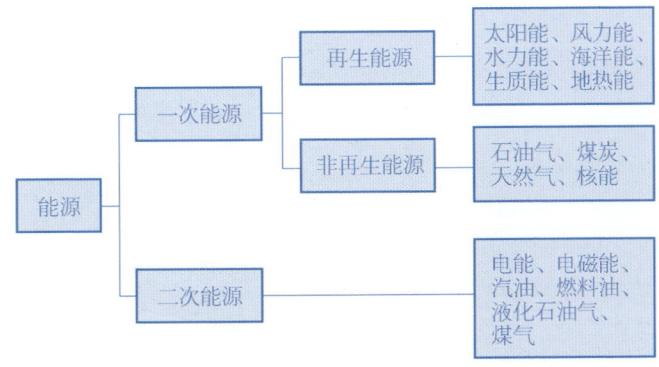

> 图13 能源分类

石油气和天然气作为世界上最优质、清洁的能源，可作为人们日常生活、工业电厂发电、压缩天然气汽车的燃料。这是因为石油气和天然气在常温下都是易燃烧的气体，其燃烧产物是对环境污染较小的气体，因此它们是国民经济中很重要的新能源。

现在科学界一致认为燃烧煤炭和石油等产品产生的二氧化碳（CO_2）是地球温室效应的罪魁祸首。石油气和天然气作为燃料，其二氧化碳的排放量将减少20%，氮氧化物（NO_x）、硫氧化物（SO_x）和颗粒排放物几乎为零，所以它是减少大气污染、保护绿色环境的清洁环保燃料。

2015年12月，世界各国在法国巴黎召开了"第21届联合国气候变化大会"。世界各国针对降低温室效应废气排放、减少大气污染、减少地球上极端天气出现等内容达成了共识。

会议上，我国也做出了对燃油、燃煤的烟气中二氧化碳等有害气体和颗粒物质实现逐年"减排"的郑重承诺。因为10立方米的液化天然气（液态）足以满足约1万户居民1天的用气需求，因此将燃煤改为燃气，推广液化天然气的使用是一项重要措施。今天，国内许多城市都普及了天然气，人工煤气也因为污染大、热值低、有毒等问题被天然气逐步取代。

日常生活中，天然气通常通过专用燃气管道，由液化气总站的大型储气罐直接输送到千家万户。但在有些地方，如偏远地区或野外，没有敷设天然气管道，则可以使用液化石油气罐。

此外，石油气和天然气在工业上还是重要的原料。天然气是制造氮肥的最佳原料，其具有投资少、成本低、污染少等优点。天然气占氮肥生产原料的比重，世界平均为80%左右。

＞ 图14　210万千瓦的惠州天然气发电厂

＞ 图15　汽车燃料加气站

第1章 走近液化气

> 图16 可直接接天然气灶具的液化石油气罐

> 图17 餐桌上的液化气火锅

> 图18 液化气火锅使用的液化气罐

第21届联合国气候变化大会

第21届联合国气候变化大会，也称"全球气候变化巴黎大会"，全称是"《联合国气候变化框架公约》第21次缔约方大会暨《京都议定书》第11次缔约方大会"。

大会于2015年11月30日至12月11日在巴黎北郊的布尔歇展览中心举行。有184个国家提交了应对气候变化"国家自主贡献"文件，涵盖全球碳排放量的97.9%。超过150个国家元首和政府首脑参加了本次气候大会的开幕式。

大会目的是促使196个缔约方（195个国家＋欧盟）形成统一意见，达成一项普遍适用的协议，并于2020年开始实施。

2015年12月12日，《联合国气候变化框架公约》近200个缔约方一致同意通过《巴黎协定》，协定将为2020年后全球应对气候变化行动做出安排。

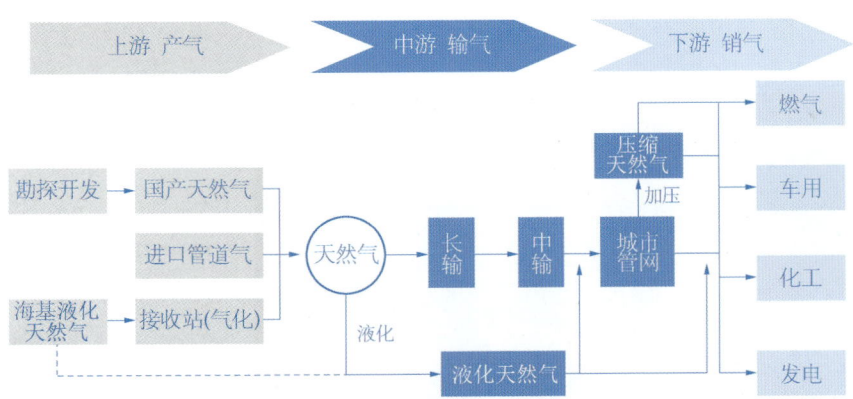

> 图19 天然气的工业用途

摸清特性很重要

液化气的作用如此之大，用途如此之广，但可千万别大意。正如一匹烈马，要想驯服它、利用它，摸清它的脾气秉性很重要。

 **脾气火暴，破坏力强**

液化气易燃易爆，爆炸危害大，这一特性，令人喜忧参半。喜的是因液化气在常温下就可变成易燃烧的气体，因此是工业和民用的优质清洁燃料；忧的是如使用不当、管理不善，当空气中含量达到一定浓度时，遇明火极易发生爆炸。

所以我们在日常生活中使用液化气一定要特别小心，尽量避免液化气罐处于高温场所，特别是在发生火灾时，以免发生危险。因为一旦发生火灾，着火区温度升高，液化气罐内的气压就会增加，如超过液化气罐的设计压力，液化气就会冲出安全阀，冲出或泄漏的液化气又可能引起更大的爆炸。

对于液化气船来说，因为储存的液化气较多，因此一定要避免火灾、碰撞等危险情况发生。那么一旦引起燃烧爆炸，其破坏力到底有多大呢？

据测算，一艘十几万立方米的液化天然气船如发生碰撞引起燃烧爆炸，其能量将相当于美国曾经投掷到日本广岛、长崎原子弹的几十倍。所以现在许多液化气船的两侧面均写有大大的"LPG"或"LNG"字样，就是要警告其他船舶：注意保持距离，避免碰撞，以免产生危险。

> 图20　液化气站发生爆炸

第1章　走近液化气

> 图21　液化石油气船上的"LPG"标志

> 图22　液化天然气船上的"LNG"标志

正因如此，如果不想船毁人亡、同归于尽的话，即使号称"海上霸王"的航母，见到液化天然气船也得躲着走，碰不起呀！也有报道中提到，索马里海盗也不敢公然对液化气船发起攻击，因一旦枪弹击中要害，引起液化气船爆炸，他们自己也跑不了。

小贴士

一条大型液化天然气船发生爆炸的危险有多大？

液化天然气的主要成分是甲烷及少量乙烷等，一般液化天然气的热值为50.24兆焦/千克，而船上常用的柴油的发热值一般为42.6兆焦/千克，所以1千克液化天然气的热能相当于船用柴油的1.18倍。

一艘17.4万立方米的液化天然气船，按每立方米460千克质量计算，相当于8.004万吨，可产生热能402.1万兆焦，相当于95.7万吨TNT产生的热能，而第二次世界大战末投扔日本广岛的原子弹还不到2万吨TNT炸药的能量，所以17.4万立方米液化天然气船若发生爆炸，其产生的能量相当于约50个投扔日本广岛的原子弹，试想它的能量有多大！

14 液化气船

 **液化后体积非常小**

像很多气体一样，液化气的气态和液态体积相差很大。通常1立方米的石油气，在常压下经液化变成液化石油气后，体积仅为气体时的1/250；1立方米的天然气，在常压下经冷冻液化变成液化天然气后，体积仅为气体时的1/625。

如果说液化气在气态时是个"超级巨人"的话，那么变成液态时，它就是个"小不点"。不过正是利用这个特性，可将石油气和天然气液化，运输量就大大增加，这就为液化气船的运输带来了方便。

 **液化气的液化温度很低**

要将其转化成液态需要低温或超低温的液化温度。通常，如果在常压（1个大气压）下，有的液化石油气液化温度已经是-48摄氏度，而液化天然气的液化温度竟然低至-163摄氏度。

当然，要提高液化气的液化温度，也不是没有办法，如可采用加压的方法。石油气在8.5个大气压时，其液化温度可提高到-5摄氏度。尽管采用了这些方法，液化气的储存温度之低仍然给液化气船的设计和建造带来了很大的困难！

当然，通常描述水的三态变化都是在大气压下随温度变化而产生的。但对液化气来说，在大气压下，如仅用降温使其液化，温度就要降到零摄氏度以下很多，所以科学家利用在加压时沸点温度（俗称"液化温度"）会升高的原理。当然，针对不同液化气体货品的液化过程主要有三种：一是仅采取加压；二是仅采取降温；三是降温、加压同时进行。

当前较为成熟的液化工艺有：节流制冷液化、膨胀制冷液化、阶式制冷液化和混合冷剂制冷液化。

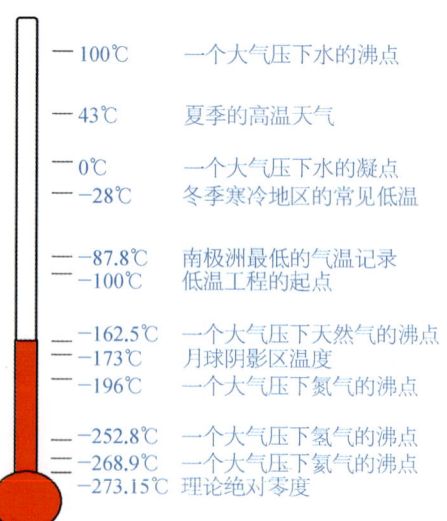

> 图23 部分物质沸点及比较

第1章 走近液化气

15

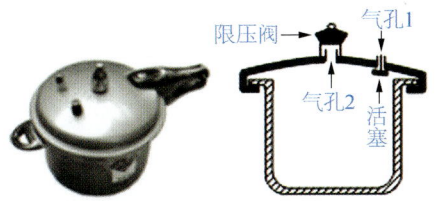

> 图24 高压锅工作原理

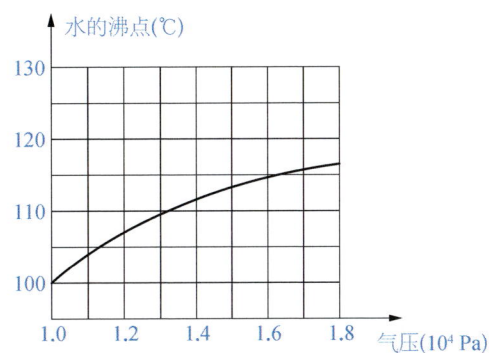

> 图25 水的沸点随气压的不同变化

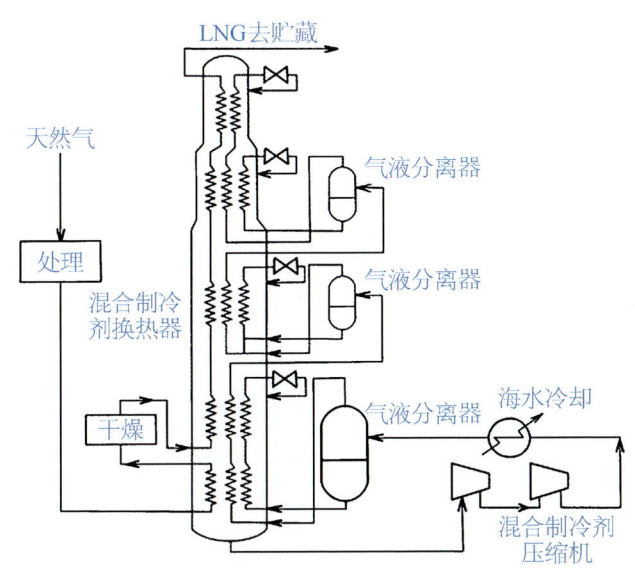

> 图26 天然气混合制冷剂制冷液化

沸点改变与高压锅的原理

液态物质的沸点有一个特性，就是会随着压力的变化而变化。当大气压减小时，水的沸点会降低。在青藏高原上，因海拔高，大气压比平原地区的气压低，此时在室外用水壶烧开水，水温不到100摄氏度就开始出现气泡翻滚的"沸腾"现象。这就说明水的沸点温度随外界气压下降而降低了。

利用这个特性，人们发明了高压锅。高压锅锅盖上有一个加压重块（即限压阀），可以将高压锅内的水与外部的大气隔离开来。水烧至沸腾时，锅内的水蒸气压力就升高，锅内温度也就高于外界气压下的沸点温度。当蒸汽压达到1.8个大气压时，沸点温度将达到116摄氏度。

想要运输不容易

早在19世纪初，人们就陆续发现了一批天然油气田，并开始利用管道将天然气输送到附近的用户处，开启了天然气的应用。在地层中，储存有石油的地方也往往有天然气，所以有"油气不分家"的说法。直到20世纪40年代末，天然气的应用仍远远落后于石油，其中一个重要的原因就是天然气的存储和运输比较困难。

目前，石油气和天然气的运输方式主要有三种：

管道输送　即将气态的石油气或天然气通过管道加压运输。

车辆运输　即将液化气装入瓶罐（压力容器）中用汽车、火车输送。

船舶运输　即用专门的液化气船进行运输。

这三种运输方式都有一定的技术难度，特别是天然气的长途运输困难更多。

石油气相对天然气来说，其储存和运输都相对较容易，因此世界上用得较早的是石油气。通过管道，人们将炼油厂产生的石油气通过加压用管道送到附近居民家中作为燃料，或者将其加压液化后装入瓶罐中运输。

20世纪30年代和40年代，西欧和美国等石油工业发达的国家就率先使用了石油气。常温下石油气在10个大气压左右就可以变成液体，因此人们将石油气液化后装入瓶罐内，进行远距离运输。对于机械工业走在世界前列的发达国家，制作耐10

> 图27　加气厂旁的汽车槽车

> 图28　运输液化气的汽车槽车车队

第1章 走近液化气

> 图29 半挂式液化气汽车槽车

> 图30 铁路运输槽车

个大气压左右的瓶罐在20世纪40年代已不是难事，所以液化石油气得到了广泛的应用。随着技术的进步，现在已经可以将液化天然气装入液罐内进行运输了。

我国目前现有的液化天然气汽车槽车，单辆最大液化天然气罐水容积为37立方米，即可运输37立方米的液化天然气，变成气态为22 000 N立方米，可供2 000户以上家庭（约6 000人）使用10天。一个近万人的小镇，有2辆车运输，每月运3次就足够了。

另外，槽车设计压力为0.8兆帕（相当于约8个大气压），运行压力为0.3兆帕，正常平均行驶速度为60千米/小时，运行中槽车内压力基本不变，短时停车时上涨0.02兆帕。这些数据表明：利用汽车槽车进行液化天然气短途短时运输是安全的，这就方便了将液化天然气运送到偏远地区。

小贴士

N立方米

N立方米指在1个大气压下，温度为0摄氏度时的气体容积单位，N为"常用"意思。也有类似的s立方米的表示方法，s是"标准"的意思，即将1个大气压下，0摄氏度时的大气状态作为标准状态。

> 图31 陆上输气管道

利用管道运输和车辆输送液化气的方法易于实施,在国内外已常见。例如,我国的"西气东输"工程就是将我国西部的天然气通过管道输送运到我国东部。

世界上最长的海底管道之一是挪威到英国的伊辛顿管道,全长约1 200千米,2007年投入运营。在海底铺设管道中,海底平管是海底油气输送的主力军。

尽管管道运输和车辆输送液化气的方法很常见,也易于实施,但这两种方法也有很大的局限性。

通过管道加压输送,一是铺设管道需要爬山越岭、开凿隧道或跨海铺设,有一定的技术难度;二是如人为因素、环境腐蚀或地质灾害等原因导致管道破损或泄漏,后果不堪设想,存在一定风险;三是

> 图32 海底平管

不是所有地方都适合铺设管道，对于一些人口稀少的地区，铺设管道在经济上不经济。西气东输1立方米液化天然气，到达西安的价格约2元，到达广州约3.5元。

对于车辆输送，除同样存在长途运输液化气罐破损和泄漏等危险外，长途运输量相对较小，经济性不好也是比较明显的弊端。

另外，鉴于天然气分布地理条件的限制，一些地区和国家与产地往往远隔重洋，相距万里，如日本、英国本土不产生天然气，而且通过管道和汽车运输均不可行，因此必须研发新的方式解决液化天然气的存储和运输问题。在这种情况下，使用液化气船进行海上运输成为运输液化气比较常用的方式。

典型的液化天然气海上运输产业链是天然气从近海陆上气田开采出来后，首先要经过初处理工厂提纯和液化气厂液化，运输到液化天然气出口站后，再通过液化天然气船跨海运输至液化天然气接收站，最后通过液化天然气气化站气化后输送至发电站、城市用户等最终用户。

> 图33 海底管道腐蚀泄漏

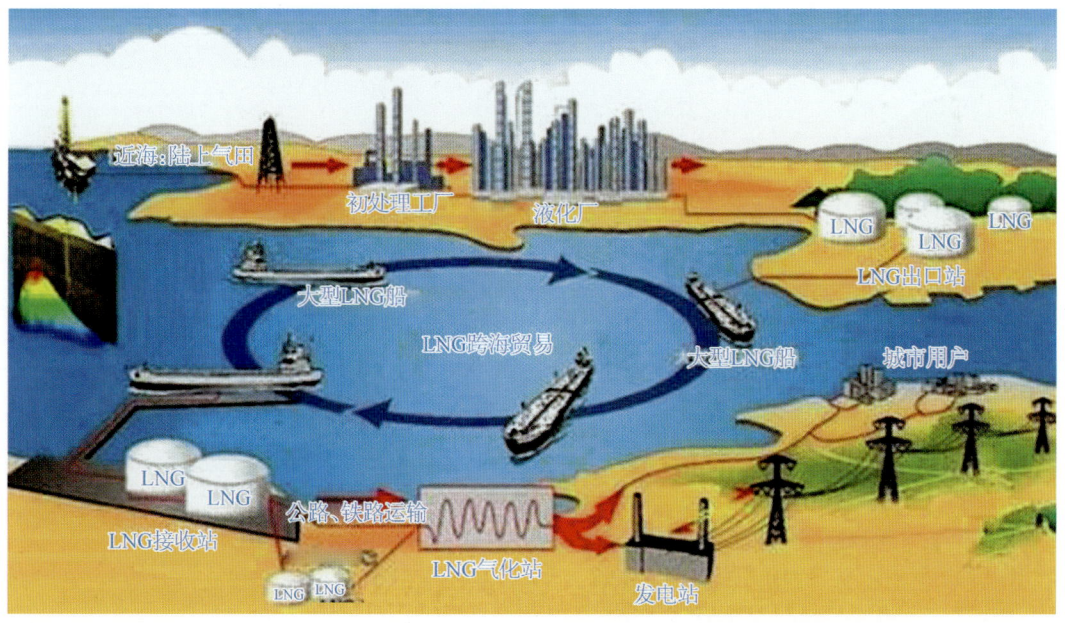

> 图34 液化天然气海上运输产业链

同管道运输和车辆输送相比,液化气船有很强的优势:一是运输距离长,可以远涉重洋,走遍全球;二是运输量大,可以一次运送十几万至二十几万立方米液化气,目前全球最大的液化天然气船一次就能装运26.4万立方米的天然气,而且随着技术的发展,正在研究更大型的液化气船;三是安全可靠,随着液化气加注、储存、驳运技术和先进设备的不断运用,其安全性越来越得到了保证。

当然,尽管使用液化气船运输有诸多优点,但要想真正实现安全运输,困难也不少。概括起来主要有"三难",即制冷技术难、液化气船液货舱绝热保温难和再液化技术难。

要将石油气和天然气在低温下液化,就要将石油气冷却到-48摄氏度、乙烯冷却到-104摄氏度、天然气冷却到-163摄氏度。要达到如此低的温度并使之安全保存和运输,就要达到以下要求:

一要靠制冷技术,这意味着制冷设备要有能力在一定时间内,将一定量的气体变成液体,而不是实验室中可不计时间、不计数量,只要实现目标低温数值使其液化即可。

二要有良好的绝热保温技术,对液化天然气来说,要使其长期保持在-163摄氏度的超低温容器中,而不会产生大量的蒸发气。

三是液化气的储存超低温与环境温度温差太大,难免因有热量输入而产生一定

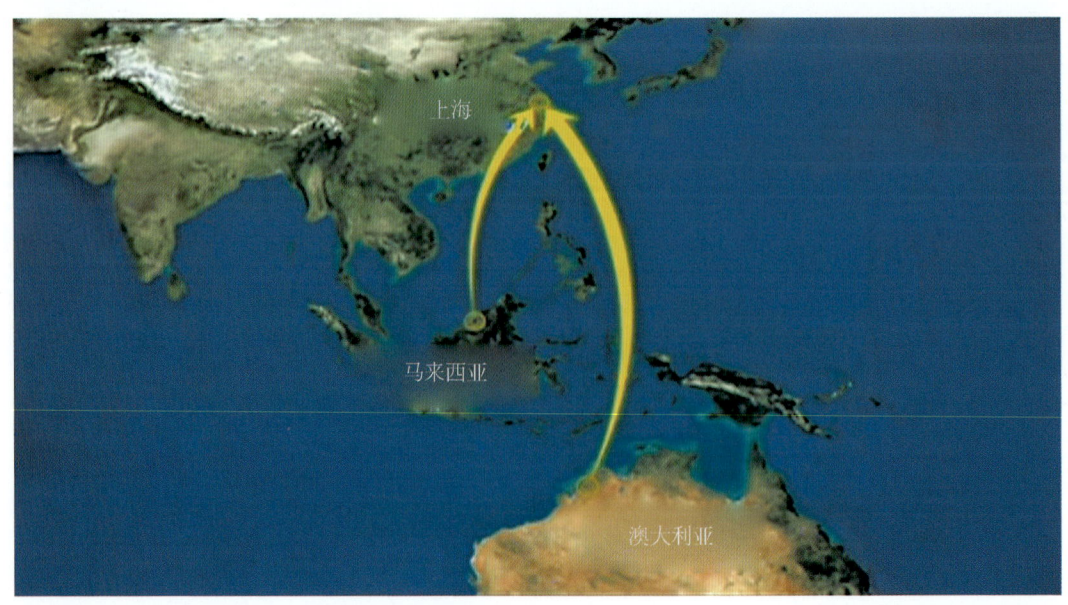

> 图35　上海液化天然气海上运输主要来源

> 图36 液化天然气船走进视野

量的蒸发气，对这些蒸发气要有措施将它再变成液体或其他的处理方法。

另外，要有措施防止液化气舱（罐）在200摄氏度左右温差下因热胀冷缩影响而造成损坏，并防止泄漏。

尽管液化气船的设计和建造面临如此多的难题，但随着工业技术的不断发展，尤其是液化气液化和储存技术的不断进步，液化气特别是液化天然气的需求量不断增多，人类不断持续地投入到液化气和液化气船的研究，终于成功研制出了液化气船。

第 2 章
造船工业皇冠上的明珠
——液化气船

液化气船

我们已经认识到液化气是大自然馈赠给人类的宝贵财富，但由于它需要低温储存，且具有易燃易爆等特性，在进行海上运输时，需要专门设计并建造具有针对性功能的运输工具——液化气船！

> 图37 不同类型的液化石油气船模型

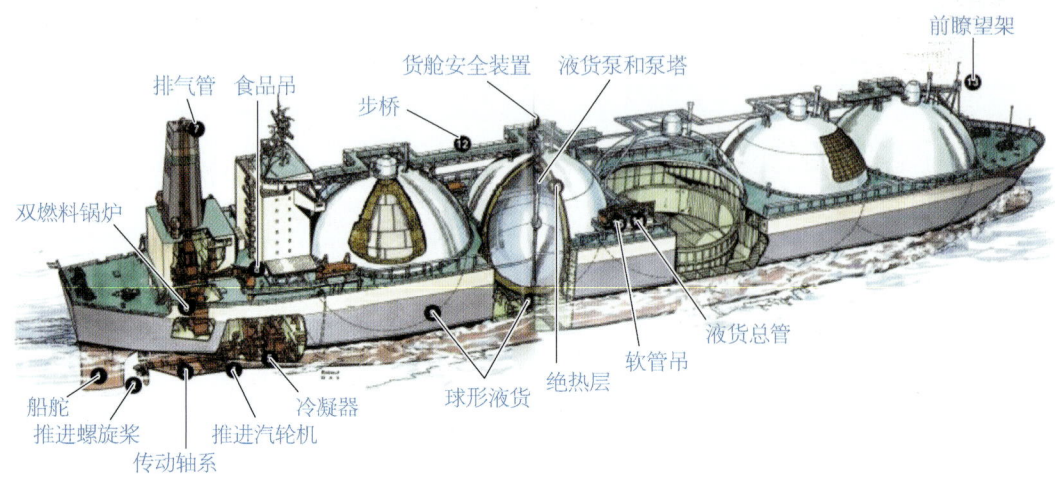

> 图38 典型的莫斯球形罐液化天然气船

第2章　造船工业皇冠上的明珠——液化气船

繁荣的大家族

自第一艘液化石油气船诞生以来，液化气船伴随着人类的发展已走过了近百年的历程。同时，随着液化气在世界经济地位的不断攀升，液化气船也得到了快速发展，目前已形成了不同规格、用途和特点的大家族。

在液化气船这个繁荣的大家族中，通常会按照运输货品种类的不同分为两大类——液化石油气船（LPG船）和液化天然气船（LNG船）。然后再根据液化气船液货舱、液化方式等特性的不同进行细分。

图41是按液货舱分类的液化气船"全家福"。

＞　图39　液化石油气船

＞　图40　我国建造的第一艘液化天然气船"大鹏昊"号

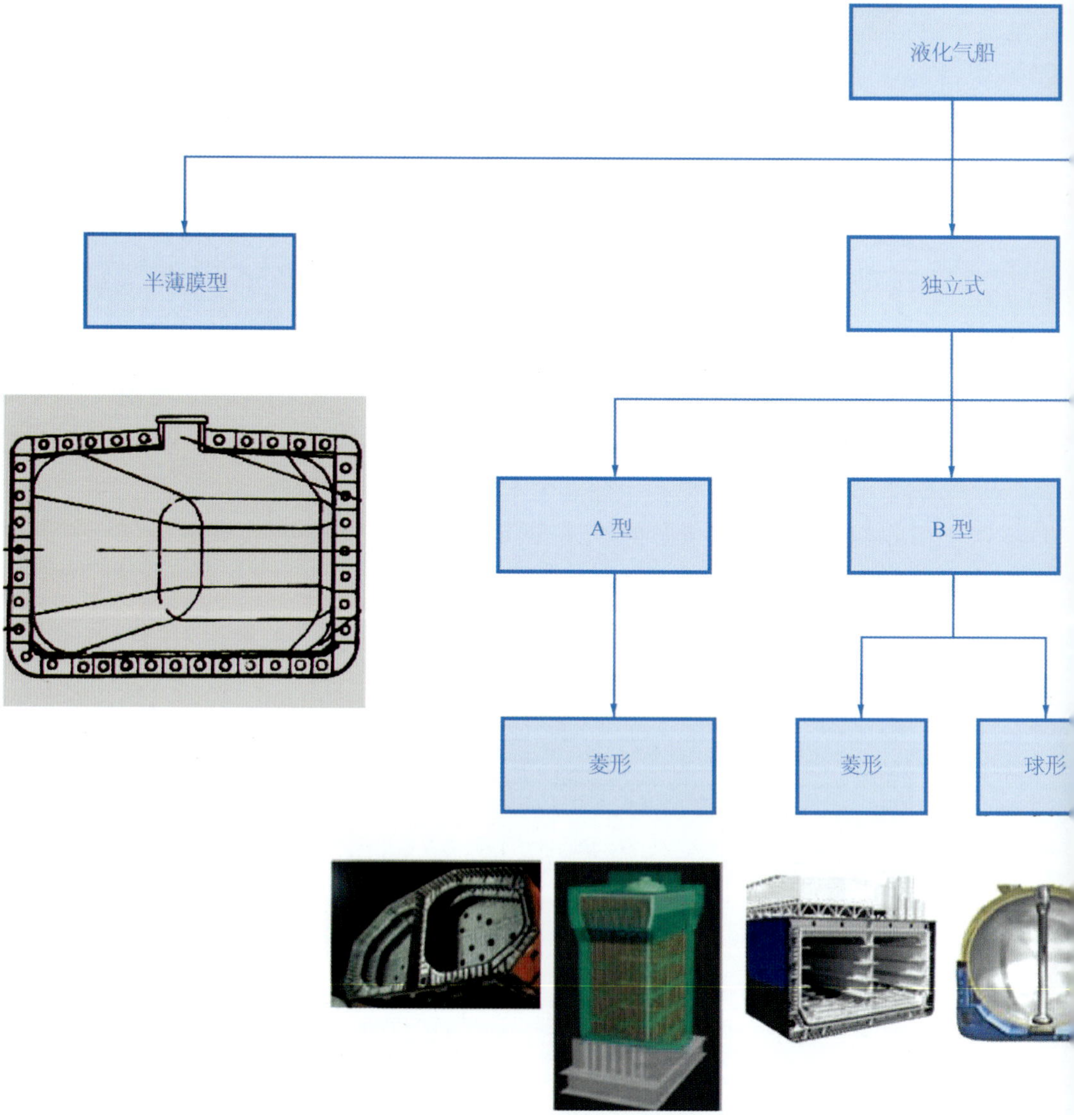

> 图41 按液货舱分类的液化气船"全家福"

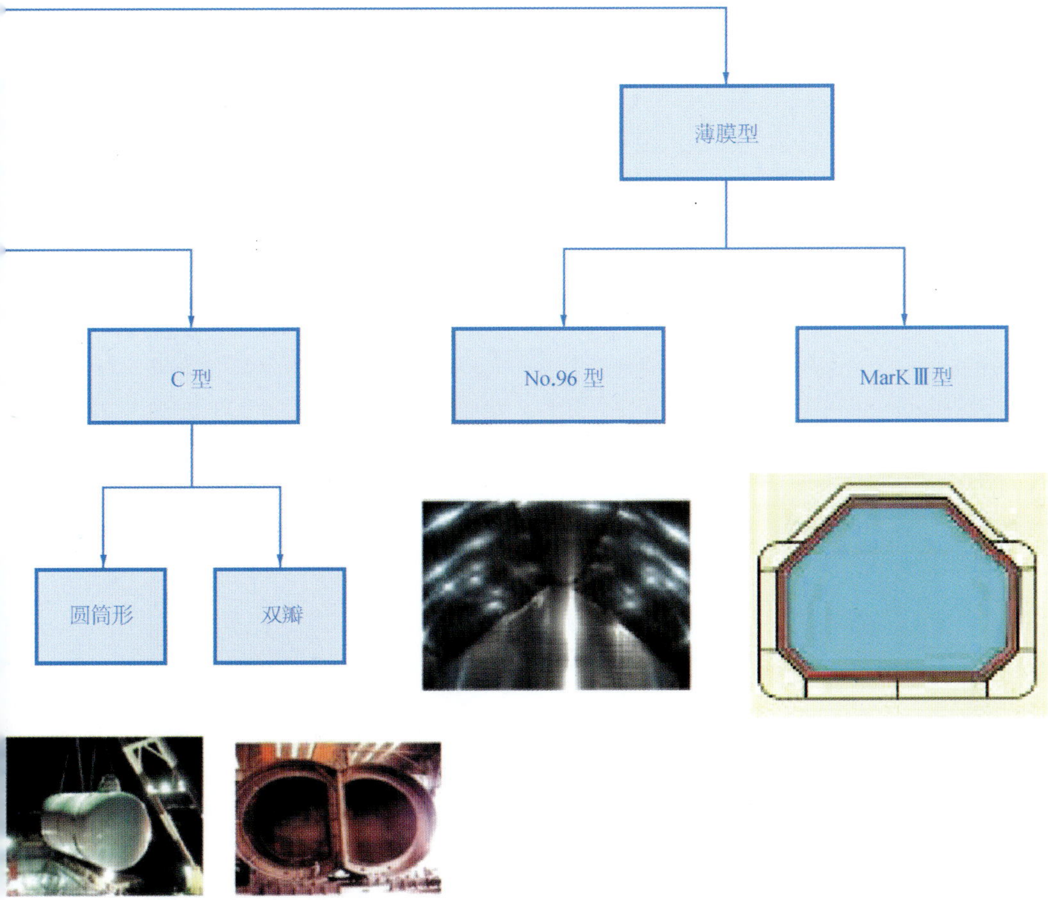

第2章 造船工业皇冠上的明珠——液化气船

```
                          ┌─────────────┐
                          │   薄膜型    │
                          └──────┬──────┘
                                 │
                        ┌────────┴────────┐
         ┌──────┐    ┌──────────┐    ┌──────────┐
         │ C型  │    │ No.96型  │    │ MarK Ⅲ型 │
         └───┬──┘    └──────────┘    └──────────┘
        ┌───┴───┐
    ┌──────┐ ┌──────┐
    │圆筒形│ │ 双瓣 │
    └──────┘ └──────┘
```

液化石油气船的分类

液化石油气船运输的货品主要有：液化石油气，包括丙烷、丁烷或这两种的混合气，丙烯、丁烯和异丁烷；一些化工产品，如氨、丁二烯和环氧乙烯，乙烯。

液化石油气船根据运输货品的不同，在设计、建造中也有所不同。但因乙烯的沸点为-104摄氏度，相比其他液化石油气是最低的，所以装运乙烯的液化石油气船（简称"LEG船"）的技术要求是最高的。

因为液化石油气（包括液化乙烯）的不同物理特性，特别是低温特性，决定了它们在船上的储运方式、安全要求、液货舱（罐）的结构和材料选用要求都有所不同。按照载运气体的不同液化方式（即液化气的运输方式）不同，液化石油气船可分为全压式、半冷半压式和全冷式三种。

与之相对应，作为担任运输储存液化气的"卧室"——液货舱（即货物围护系统），其按耐压和耐温的等级可分为常温压力型（即全压式）、低温加压型（即半冷半压式）和低温常压型（即全冷式）三种类型。

> 图42 小型液化石油气船

第2章 造船工业皇冠上的明珠——液化气船

全压式运输方式是在常温条件下把货物加压到超过饱和或临界蒸发气压的压力,使货物变成液体状态。通常,其液货舱最高设计温度为45摄氏度,最高设计压力为1.75~2.0兆帕,即在常温下,液货舱最大能承受18~20个大气压的压力。

半冷半压式运输方式是将气体冷冻到一定温度(但仍高于常压下的沸点)并加压使之液化。具体操作可根据各种气体的蒸汽压力-温度特性曲线来选择合适的温度或压力,但应注意必须在临界温度和临界压力以下才是有效的。

早期的半冷半压式液化石油气船液货舱通常冷却工作温度为-5摄氏度左右,压力为0.8兆帕左右。运载液化气货品接近于全压式液化石油气船。目前,半冷半压式液化石油气船液货舱主要有两种:多数冷却温度为-48摄氏度,少数运载乙烯的冷却温度为-104摄氏度,工作压力为0.5~0.8兆帕。

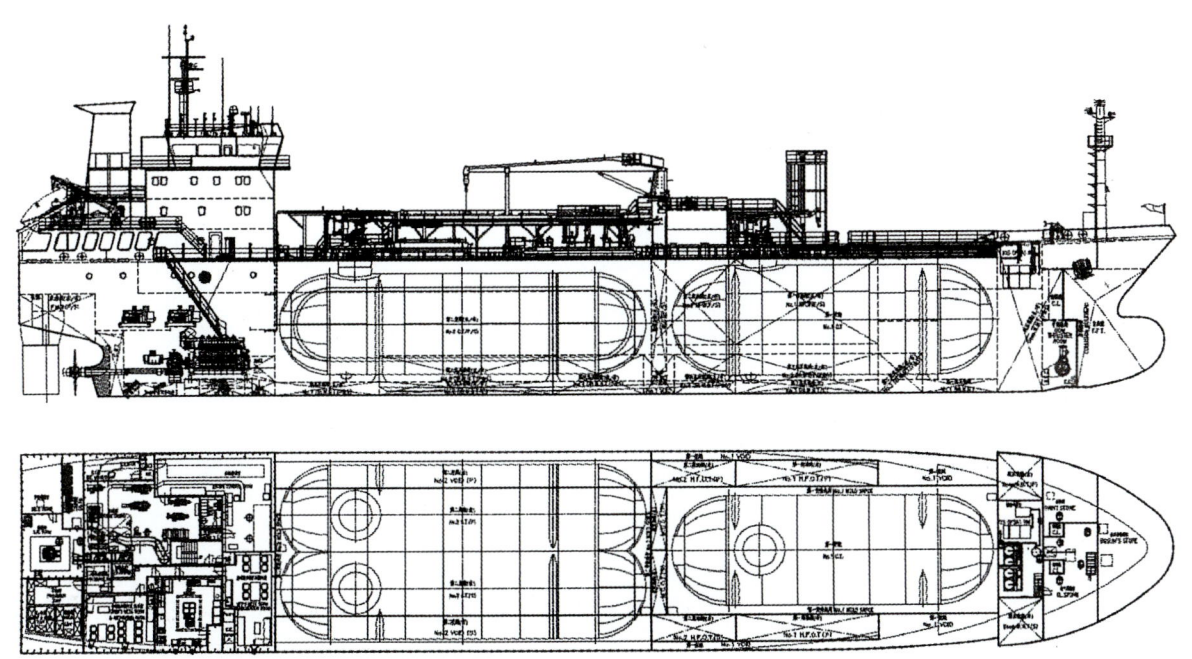

> 图43 5 000立方米全压式液化石油气船设计图

另外,半冷半压式液化气船根据装运货物的种类又可分为特定货物专用船和多用途半冷半压式液化气船。16 500立方米半冷半压式液化石油气船就属于多用途船,可装运30多种货品。它配有3个货罐,每个罐可装一种货物,每航次可同时装运3种不同的货品。

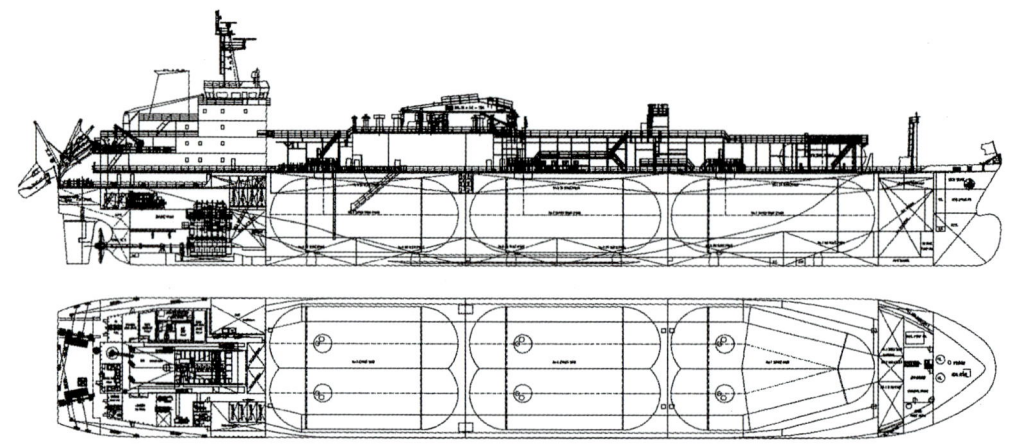

> 图44　16 500立方米半冷半压式液化石油气船设计图

> 图45　16 500立方米半冷半压式液化石油气船

全冷式运输方式是在大气压下将气体冷冻,使其温度下降至沸点以下后液化。该方式采用全制冷液化的方式,液货舱不承受压力或仅承受很低的压力,因此液化气可储存在不耐压的液货舱内,液货舱设计压力一般为0.025兆帕(相当于0.25个大气压)。

通俗地说,全压式液罐承受的压力最高,全冷式液罐承受的温度最低,而半冷半压式液罐既承受压力又承受低温,但压力不及全压式,温度不及全冷式低。

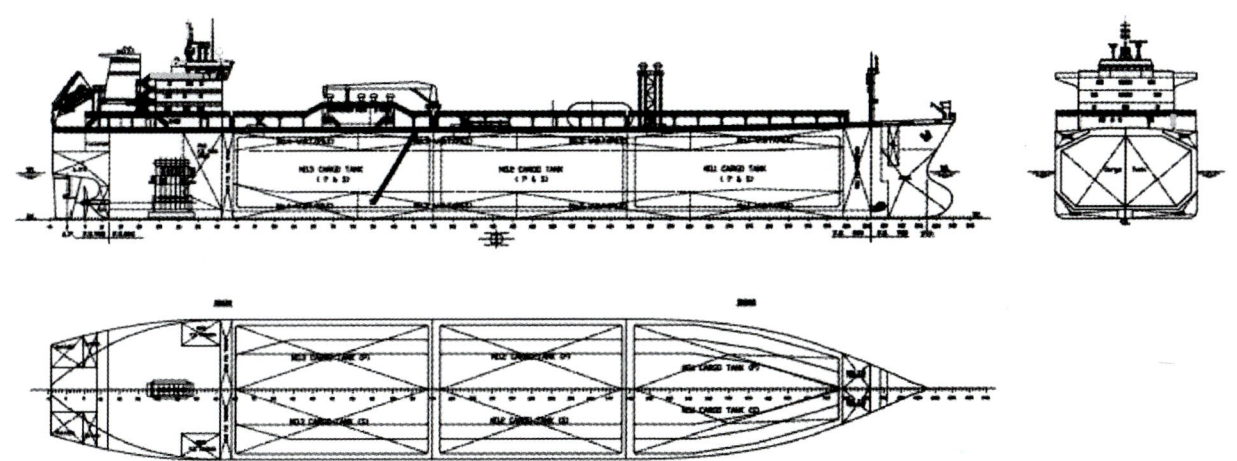

> 图46 35 000立方米全冷式液化气船设计图

液化石油气船按液货舱的种类不同,可分为整体式液货舱、薄膜型液货舱、半薄膜型液货舱、独立式液货舱、内绝热液货舱五类。

整体式液货舱与船体结构形成一个整体,常用于运载沸点不低于−10摄氏度的货品(如丁烷等),其设计蒸气压力通常不应超过0.025兆帕,如果船体构件耐压强度适当加大,压力亦可增加,但不应超过0.07兆帕(相当于0.7个大气压)。整体式液货舱装运丁烷类货品时,无须考虑液货舱的热胀冷缩,其装卸设备与普通的油轮几乎一样。

薄膜型液货舱是非自身支持的液货舱,它由邻接的船体结构通过绝热层和一层薄膜支持。为安全起见,薄膜型液货舱通常要求有完整的双层结构:第一层为主舱舱壁(即主屏壁),第二层为第二道屏壁(即次屏壁)。双层薄膜外为绝热结构。

半薄膜型液货舱由一层薄膜组成,该薄膜的大部分是由相邻船体结构通过绝热层支持,舱四周扁平,角边呈圆形。其结构介于A型独立式棱柱舱和薄膜型液货舱之间，液货舱结构为单层，设计蒸气压力同薄膜型液货舱，一般用于液化石油气船上。

与其他液货舱不同的是，半薄膜型液货舱有两个"会变"的特点。

一是当液货舱温度发生变化时，舱的角边会变化。它的角边在冷却状态会收缩，升到常温时就会向外膨胀，这样设计的好处是可以降低温度变化而产生的胀缩对液货舱的危害。

二是当液货舱在空载时为自身支持（即自承或自支撑式，液货舱的结构强度能支持自身重量），但在装载状态下又变为非自身支持。

独立式液货舱是指自身支持的液货舱。它不构成船体结构的一部分，对船体强度不起作用。根据其设计蒸气压力的不同，又可分为A型独立式液货舱（承压能力最小）、B型独立式液货舱（承压能力一般）和C型独立式液货舱（承压能力大）三种。

内绝热液货舱是非自身支持的液货舱，由适合货物围护的绝热材料组成，并受相邻的内层船体结构的支持（设计蒸气压力小于0.07兆帕），或者受独立式液货舱支持（设计蒸气压力大于0.7兆帕）。内绝热液货舱绝热层的内表面与货物直接接触。

按所装液货的危险性不同，液化石油气船可分为1G型、2G/2PG型和3G型三种类型。

1G型液化石油气船是用于装载要求采取最严格防漏保护措施的货品，即运输一些危害性最大的货品，如氯、溴甲烷、二氧化硫和环氧乙烷等。该型船对液货舱的位置有严格的要求，要求发生碰撞时，从船侧撞入1/5船宽而不损坏液货舱，对船

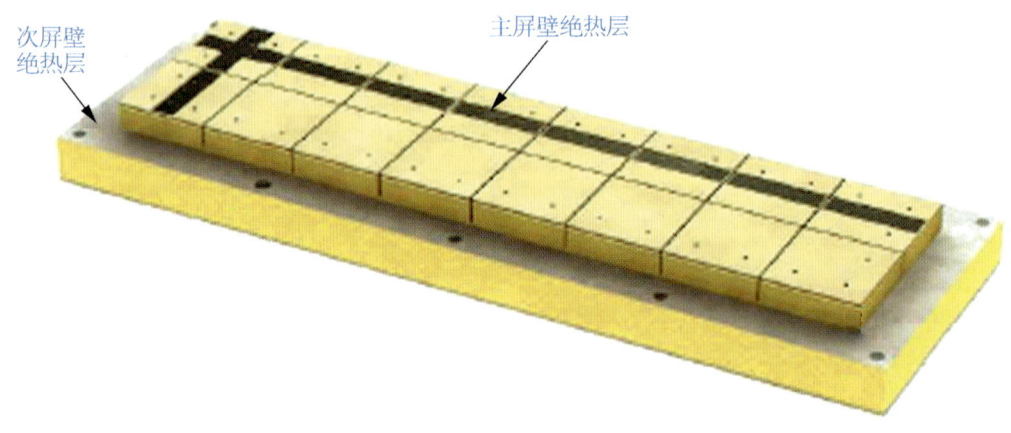

> 图47　MK Ⅲ型绝热层

第2章 造船工业皇冠上的明珠——液化气船

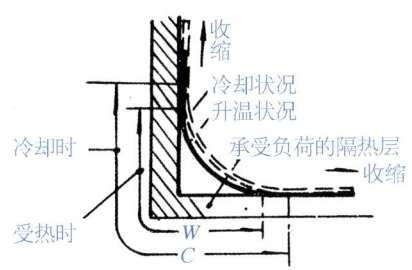
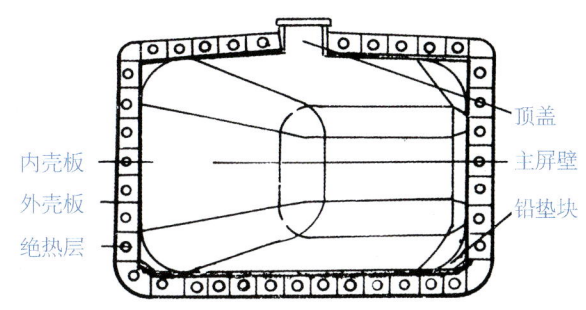

> 图48 半薄膜型液货舱

底的双层底高度也有要求。

船舶的液货舱壁与船舶的外板之间隔距离最大,以防此类货物漏泄。这种船破损后的残存能力要求最高,要求达到相邻两舱(包括机舱)同时破损情况下仍有一定的残存能力。

2G/2PG型液化石油气船用于运输危害性次于1G型船舶的货品。该型船要求采取相当严格的保护措施,以防此类货物漏逸。船舶的液货舱壁与船舶的外板之间间隔距离小于1G型船舶,一般为760毫米,对船底的双层底高度也有要求。当船长大于150米,要求达到两舱同时破损后仍有一定的残存能力;当船长小于或等于150米,要求除机舱以外达到两舱同时破损仍有一定的残存能力。

2PG型液化石油气船是指船长不超过150米,用于运载危害程度同2G,货品又装在独立的C型液货舱内,且设计用于液货舱的释放阀最大调定值至少为0.7兆帕,设计温度≥-55摄氏度的液化气船。对这类船舶的破损残存要求有所降低,要求为一舱破损(包括机舱)后仍有残存能力。

3G型液化石油气船适用于运输对环境危害性最小的货品,如氨、制冷气体等。它要求采取中等的保护措施,以防此类货物漏泄。该型船对于船长大于或等于125米的,要求达到一舱破损后仍有一定的残存能力;对于船长小于125米的,可考虑只要机舱不破,其余均按一舱破损情况下仍有一定的残存能力。

主屏壁与次屏壁

绝热材料内部表面与货品直接接触的金属薄膜称主屏壁,在其外部绝热材料中间还有一层金属薄膜,成为次屏壁,用于容纳从主屏壁泄漏出来的液化天然气,以防与船体接触,损伤船体结构材料。

液化天然气船的分类

液化天然气船专用于运输液化天然气。

液化天然气是由甲烷、乙烷、丙烷、丁烷和氮等组成的混合气体，但甲烷成分占大多数。因为液化天然气在标准大气压下的液化温度为-163摄氏度，比液化石油气中液化温度最低的乙烯还要低近60摄氏度；即使是在4.5兆帕的压力（约45个大气压）下，液化温度也低达-82摄氏度，所以液化天然气船不可能设计成全压式，也较难设计成半冷半压式，基本上都是全冷式。

因为在4.5兆帕压力下，液罐的壳体会很厚，况且还需考虑在运输途中，因热量导入而引起的压力升高。考虑安全因素，壳体厚度需更厚，重量大大增加，对载货量是很大的损失，所以液化天然气船基本上采用全冷式。

由于液化天然气船大多是长途运输，为提高运输的经济性，船舶液货舱容积都较大，目前可达14万～26万立方米。现今，全球最大的Q-MAX型液化天然气船长345米、宽53.8米、型深34.7米，一次液化天然气装运量26.4万立方米。

> 图49 液货舱内装液化天然气后的状态

第2章 造船工业皇冠上的明珠——液化气船

同液化石油气船不同,因为液化天然气船的储运方式主要是全冷式,货品主要成分是甲烷,又因为液货舱是液化天然气船的核心部件,因此液化天然气船主要围绕液货舱进行分类。通常按照液货舱的外部形状和液货舱的承受压力两种方式进行分类。

液货舱按外部形状不同,可分为SPB型棱柱形、莫斯(MOSS)球形、薄膜型和C型独立式四种类型。

SPB型棱柱形液货舱是日本石川岛播磨(IHI)的发明专利,外形为棱柱形,安装于船壳内接近船体货舱内壳,比C型独立式液货舱空间利用率高。因其与船舶货舱内壳间有间隙,便于检查维修。

> 图50 SPB型棱柱形液货舱

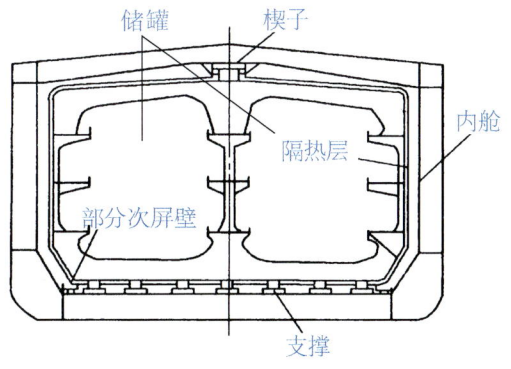

> 图52 SPB型液货舱结构

> 图51 日本SPB型液化天然气船"极地鹰"号

小贴士

Q-MAX型液化天然气船

Q-MAX型液化天然气船中的"Q"是指卡塔尔,"MAX"是指最大。

卡塔尔是目前世界最大的天然气出口国,Q-MAX型液化天然气船是世界最大的液化天然气船,它是能够停靠在卡塔尔拉斯拉凡港(Ras Laffan terminal)的最大的货轮,可以顺利通过苏伊士运河。

液化气船

莫斯球形液货舱是挪威莫斯·卢森伯格（Moss Rosenberg）公司的发明专利，其液货舱的壳体为球形结构，一艘液化天然气船一般有4～5个独立的球形液货罐，罐的直径可达40米。

> 图53 莫斯球形液化天然气船

薄膜型液货舱是法国的燃气海上运输技术公司（GTT）的发明专利，其特点是船体结构为双壳双底，在船的货舱空间内部紧贴双底双壳设置绝热材料，绝热材料内部表面覆盖金属薄膜，用于减少昂贵的低温金属材料的用量。金属薄膜的作用是防止液货泄漏，但它本身不具备货舱所具有的强度，液货的重量通过金属薄膜和绝热箱组成的结构物作用于船体。因此，对绝热材料不仅有隔热性能的要求，还有强度的要求。

现在按其采用的绝热种类和施工方式的不同，薄膜型液货舱可分为GTT No.96型（简称"No.96型"）和MarK Ⅲ型（简称"MK Ⅲ型"）两种。No.96型的绝热形式为绝热箱，而MK Ⅲ型的绝热形式为强化泡沫塑料。

No.96型在船体建造工艺方面比MK Ⅲ型要求高，无论是在精度控制还是焊接要求方面，掌握了No.96型的建造技术，基本上就掌握了MK Ⅲ型的建造技术。但在液货舱主、次层殷瓦的焊接上，No.96型可大量采用自动焊，焊接质量容易控制，但MK Ⅲ型手工焊接较多，焊接质量不易控制。MK Ⅲ的波纹状主屏壁一般需要专业工厂专门生产。

> 图54 16万立方米"开塔"号薄膜型液货舱液化天然气船

> 图55　175 000立方米MK Ⅲ型薄膜型液化天然气船

175 000立方米MK Ⅲ型薄膜式液化天然气船建于2015年，有4个液货舱，配双燃料柴油机，由法国BV船级社审查通过。

按承受压力的不同，液货舱主要分为独立式（即自撑式）和薄膜型（即非自撑式），其中自撑式又分为A型（液货舱承受压力较小）、B型（液货舱承受压力一般）和C型（液货舱承受压力较大）三种类型。

> 图56　B型球罐液化天然气船

C型独立式液货舱液化天然气船兼有全冷式液化天然气船和半冷半压式液货罐的特点,大多用作短途运输或对其他船进行液化气加注。液化天然气在全冷–163摄氏度的状态下注入液货舱,加注后液货舱启运。在航行时,液货舱内液化天然气自然蒸发使内部压力会自然增大,所以液货舱必须能承受一定的压力。由于该类船向其他船加注液化天然气时,其他船一般没有回气管,所以在向其他船加注时液货舱内压力会下降,甚至产生一定负压,这就要求液货舱能够承受一定的负压。这类船一般为中小型,容量在10 000立方米左右,且只能进行短途运输。

当然,液化天然气船的两种分类方法是交叉的,一艘液化天然气船可以按液货舱形状分类,也可按液货舱的承受压力分类。例如,SPB型棱柱形液货舱承受压力能力可以是A型,也可以是B型;莫斯球形和C型独立式液货舱均为自撑式,莫斯球形大多为自撑式B型,C型液货舱可以是全冷式,也可以是半冷半压式。

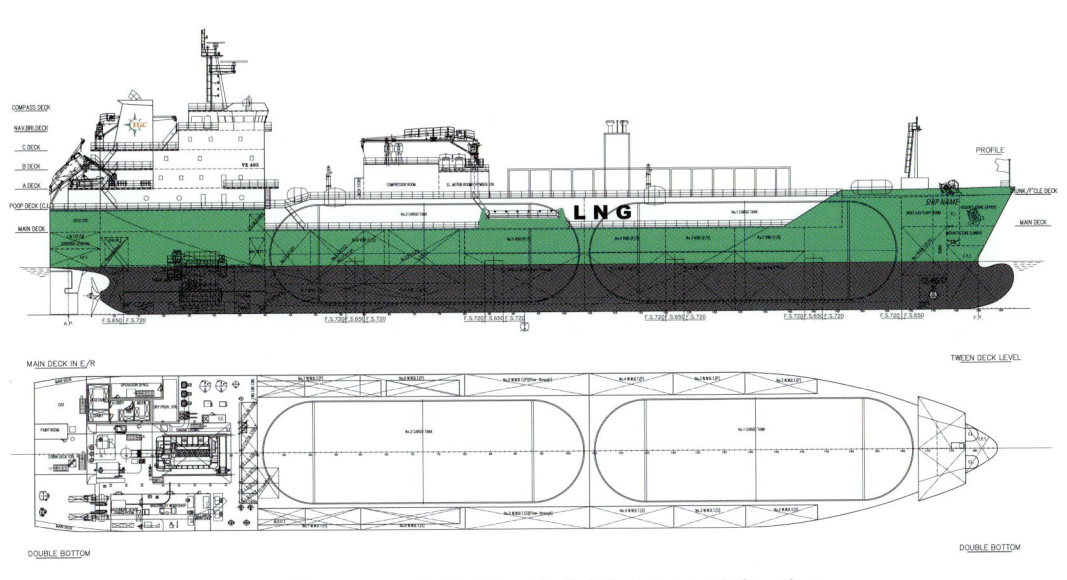

> 图57 12 000立方米C型独立式液货舱液化天然气船设计图

其他液化气特种船或装置

本书所说的液化石油气船和液化天然气船专指的是运输液化气的船。除了这类液化气船外,还有许多带有其他功能的液化气特种船或装置也非常精彩,如液化气加注船、液化天然气运输和浮式储存船(简称"LNG–FSRU船")、浮式液化天然气生产储卸装置(简称"FLNG")等。

液化气动力船和液化气加注船

随着各国对于环境保护的要求越来越高,越来越多的船舶开始使用天然气作为燃料,以满足越来越严的环保要求,这类船就是液化气动力船。由于液化天然气的易燃、易爆和极低温度,所以它不能像常规的油料一样,置于船的边角油舱中,以充分利用船的舱容。液化气动力船的液货舱一般为能承受一定压力的C型独立式,并置于独立的舱室或置于上甲板上,极大型的船舶可能设置一个小型的薄膜型液货舱,但都会占用很大的空间,且一般不配置再液化装置。因此,液货舱不能做得很大,也不能满足长时间、长航程的要求,这就出现了一个问题,开到中途没有"气"怎么办?

另外一些海岛建有发电厂,发电厂的发电柴油机采用液化天然气,以及一些短期的邻近江湖的大型工程也需要配置燃烧液化天然气的专用发电柴油机,它们的液化气燃料补给怎么进行呢?

这就催生了一种新颖的船舶——液化气加注船!

> 图58 世界首艘液化天然气加注船"海上燃气"号

第2章 造船工业皇冠上的明珠——液化气船

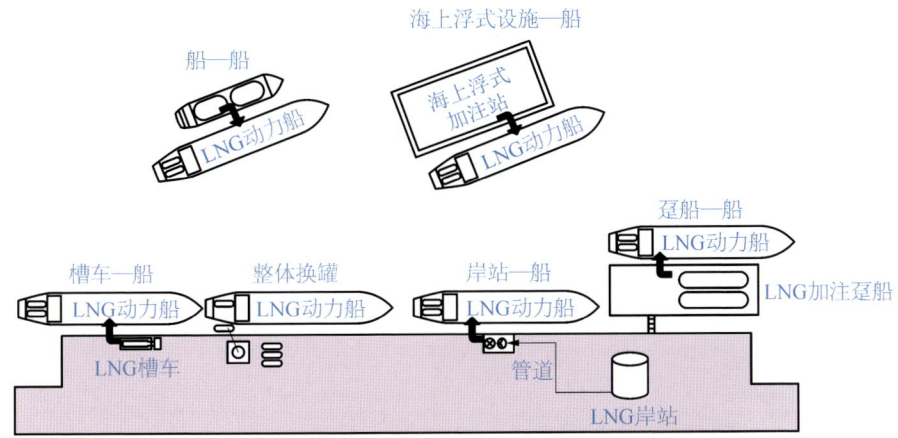

> 图59 给船加注液化天然气的五种方法

液化气加注船的个头不大，载货量从几千立方米到20 000立方米，采用圆筒形C型液罐。由于它短途、短时航行，液化气的蒸发量相对较少，再考虑到设计时增大C型液罐的承压能力就可以充分利用液货罐内的液化天然气容量，对液化气动力船、海岛发电厂储液舱，以及短时邻近江湖的大型工程发电设备的储液舱加注液化天然气。

通常，给其他船舶加注液化气的方法有五种：船—船加注、海上浮式设施—船加注、槽车—船加注、岸站—船加注和趸船—船加注。除此之外，还有整体换罐。

这些加注方法中，船—船加注方法机动性好、加注效率高、加注服务范围广，适用于江、湖、水库和海上加注液化天然气，但这种加注方法需要一个"神器"——液化气加注船。液化气加注船通常被形象地称为天然气动力船的"奶妈"。

> 图60 "海港星02"号趸船

小贴士

趸 船

趸船又称"囤船"，是一种无动力装置的矩形平底船。最常见的是系泊于岸边的浮码头，供船舶靠泊、旅客上下和货物装卸等使用。它通过引桥与岸连接，使船舶停靠处有足够的水深，并能随着水涨落而升降。

> 图61 正在建造中的18 600立方米液化天然气加注船模型

2018年2月,我国击败了国外对手,将全球最大的液化天然气加注船订单揽入怀中,签署了1艘18 600立方米液化天然气加注船的建造合同。该船是目前全球最大的液化天然气加注船,是为全球最大的23 000标准箱集装箱船供应液化天然气燃料的专用

> 图62 正在建造中的18 600立方米液化天然气加注船主甲板顺利贯通

船,也能为常规双燃料动力船舶加注。该船是世界首款应用薄膜型MK Ⅲ型围护系统的液化天然气加注船,可与23 000标准箱集装箱船的液化天然气燃料舱完美对接。

尽管我国已建有液化天然气加注船,但因液化气动力船还不多,用加注船加注补充的情况还较少,目前依然主要采用趸船—船和岸站—船加注站方式。随着我国天然气动力船的相关法规生效,使用天然气作为燃动力的船舶或双燃料动力船将大量出现。目前,国内的液化天然气动力船舶多为"油改气"船舶,大多集中在长江和内河的航线上,如长航凤凰股份有限公司的"长迅3"号轮船、湖北西蓝天然气公司的"武拖302"号拖船、江苏蓝色动力船舶公司的"苏宿货1260"号散货船。

国外已大量出现改装用液化天然气动力船或纯液化天然气动力船,都需要加注船补充燃料。

> 图63　油改气后的"苏宿货1260"号散货船

> 图64　全球首艘改装液化天然气动力船"维得·维京"号

国外也有将液化气加注船用于海岛电站的燃料补给，在海岛上建一个液化天然气储存库，作为发电机的燃料，该储存库定期由加注船来补充天然气。12 000立方米C型独立式液货舱液化天然气船就是这类船舶之一。

> 图65 荷兰壳牌第一艘纯液化天然气动力驳船

> 图66 "海上燃气"号液化天然气船正在用软管加注

第2章 造船工业皇冠上的明珠——液化气船

液化天然气运输和浮式储存船

这类船简称"LNG-FSRU船",它的主要功能是能动(运输)又能存(储存),还可以将液化气再气化后向外输送,被称为"移动的供应站"。

液化天然气通过液化天然气船从海上运至购买方,输入到近岸的接收终端。通过船岸输送管的连接,将船上的液化气输送到岸上的大容量存储舱中,再通过管路送至居民用户和发电厂用户等。但接收终端的位置选择和建设需要考虑液化气易燃、易爆的特性,既要靠近用户,但又不能靠得太近,这也省去了建设一个大容量的液化气储存舱的投资。

因此,把液化气接收终端建在靠近大用户区的近海,通过浅海的海底管道把液化气船与岸上的用户区液化气配送管系连接起来。这样一来,只要在陆上建造一座较小的配送站,就可以省去建造大容量液化气储存库的麻烦。液化气船远离繁杂的人口密集区,减少了发生危险的可能,即使本身出现安全问题,也不会影响很大。这种方法可以省去价格高昂的岸上液化天然气储存库,一般有2艘LNG-FSRU船就可以轮流向该区域的居民供应天然气了。

> 图67 LNG-FSRU船

LNG-FSRU船就这样诞生了。它在大型的液化天然气船上加装了一套再气化装置，集储、运、卸、送为一体。作为一个"多面手"，LNG-FSRU船有很多优点：

安全 一是该船可作为海上终端，远离发电厂、工业区或人口密集区停泊；二是该类船采用能使其随风向改变方向的单点系泊系统（SPM），使船上的生活区随时处于货物区域的上风侧，保证了人员的安全；三是不需要从船上将液化天然气卸至岸上终端，减少了运输次数和卸货次数，降低了部分卸货危险；四是该船的卸货系统采用串联卸货方式，且由动力定位设备控制在允许范围内，可避免锚泊与卸货作业中可能出现的危险。

经济灵活 一是该船具有储存功能，且容量大，一般为25万～35万立方米，几乎为现行液化天然气船的2倍，从而可降低运输成本；二是可以深海停泊，替代陆上终端，减少了陆上端点投入，降低成本；三是供气灵活，这类船适宜天然气消费量不大的用户，或临时出现天然气需求的用户，或对天然气需求量急速增加的用户，或一个新兴的工业区。在这些情况下，不需增加投资，只需通过这类船运输，经海底管道输送即可保证天然气的供应。

对陆地设施要求不高 一是该船可长期单点系泊在40～60米的深海海床上，减少岸上终端对液化天然气船的吃水限制，或者免除液化天然气船对港口水深的要求；二是该船具有运输功能，可作为液化天然气船，其货物围护系统与现行的液化天然气船相同，没有特殊要求。

> 图68　173 400立方米LNG-FSRU船

韩国大宇公司为比利时依斯麦海运公司建造的液化天然气再气化船（简称"LNG-RV船"），从功能可以看出，它也是LNG-FSRU船的一种。该船船长227米、型宽43.4米、型深26米、舱容13.8万立方米、航速19.1节。另外，依斯麦海运公司还要求将其在大宇公司订购的5艘原为液化天然气船中的3艘改为LNG-FSRU船。

我国在2017年后也开展了LNG-FSRU船的研究，并承接了我国首批2艘17.4万立方米LNG-FSRU船的设计建造任务，首制船预计2021年交付。LNG-FSRU船的研发打破了韩国在该领域的垄断，对我国造船工业的转型升级、对保障和推动国家能源安全战略的实施具有重大意义。

> 图69 17.4万立方米LNG-FSRU船

浮式液化天然气生产储卸装置

这类船开始称为"LNG-FPSO",后来简称为"FLNG船"。FLNG船的建造提高了海上天然气田的利用率,减少了液化天然气船在海上等候停泊的时间,提高了液化天然气船运输的效率。

我们都知道海洋蕴藏着丰富的天然气资源,人类在开发天然气资源时,除了大型的油气田之外,还有数量较多的中小型边际油气田,储量也相当可观。海上油田伴生气及边际油气田、大型油气田的终端处理厂产生的伴生气,因其气量小、就地无用户并远离输气管线等原因,难以通过又长又复杂的海底管道输送给用户,长期未得到有效的开发利用,所以这些油田伴生气常放空烧掉,这不仅极大地浪费了资源,还严重污染了油田地区的大气。

从20世纪70年代初就开始了海上浮式石油生产储卸装置(FPSO)的研究。简单地说,FPSO由两大部分组成:上部模块和船体。上部模块完成对原油的加工处理,船体部分负责储存合格的原油,再安

> 图70 海上油田伴生气在燃烧

第2章 造船工业皇冠上的明珠——液化气船

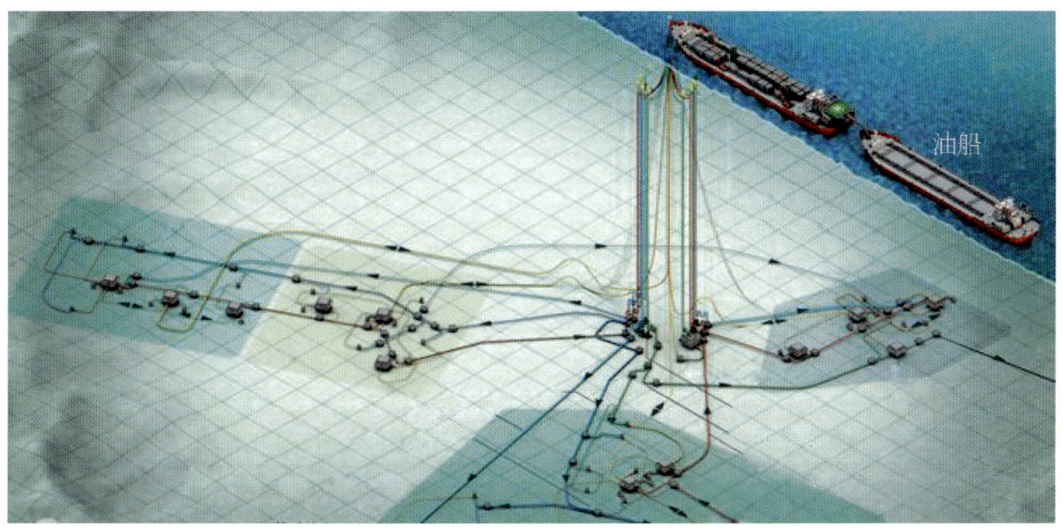

> 图71 FPSO海底输送管道

装常用的机械发电设备为船舶设备供电。FPSO相当于在普通油船的上甲板之上建一个炼油厂，接收油田开采未处理的原油到船上后，去除固体杂质、水分和气体，初步提炼成合格石油。合格石油储存在船体内的储舱内，再通过柔性接管传输到来往运输的油船上运走，而FPSO分离出来的可燃气体往往用管子接到火炬塔做充分燃烧。

现用于石油生产的FPSO技术已经成熟，在世界各地已建成了大量的FPSO。我国也是FPSO的主要建造国之一，已先后建造了5.2万吨FPSO、5万吨FPSO、15万吨FPSO。我国的渤海、南海都有FPSO的身影。

海上液化天然气的生产、液化、储存、外输一体化船比海上石油的生产、储存、外输船更广，也更复杂。液化天然气生产，特别是将其在大气压下液化，需消耗大量的能量，与典型的陆上设施相比，需要在更拥挤的空间内布置低温流程的设备及管路系统，比FPSO还要复杂。

边际油气田

边际油气田是指一些中小型油气田或地层构造复杂及地处边缘的油气田。这类油气田的储量在20万～100万桶。在现有的条件下，在规定时间内，采用常规技术和管理进行油田开发建设和生产，其经济评价较差或达不到营利目标的油气田。边际油气田对一些国家和企业来说，经济上是不可行的，但对另一国家或企业，由于采用了新技术，在经济上也有获利的可能。

20世纪90年代以来,海洋边际油气田的开发及伴生气回收利用日益受到重视。海洋工程技术的不断进步,特别是天然气液化技术的进步,也使边际油气田的开发成为可能。人们希望像FPSO生产、储存石油那样来生产天然气,这就催生了LNG-FPSO装置,既可生产石油,也可生产天然气。

LNG-FPSO装置因现实需要应运而生,它可以看作浮式生产接收终端,直接系泊于油气田上方进行作业,不需要将天然气远距离送到岸上提炼,可以省去海底输气管道、码头和液化天然气工厂的建设成本。它集原油和液化天然气的生产、储存与卸载于一身,与FPSO一样可以处理原油。一样处理天然气,液化后储存在船上的液货舱中;在船上设置与码头加注臂类似的卸货臂,将液化天然气输送给液化天然气船。

LNG-FPSO装置简化了边际油气田的开发过程,降低了油气田的开发成本。该装置便于迁移,可重复使用,当开采的油气田枯竭后,可由拖船拖曳至新的油气田投入生产。

这类装置后来被称为"浮式液化天然气生产储卸装置(FLNG)"。2012年,三星重工为壳牌建造了全球最大船舶——普鲁特(Prelude)天然气船已正式投入运营,开始进行海上天然气提取和处理作业。

该船是全球最大的浮式海工装置和浮式液化天然气装置,船长489米、型宽74米、排水量约60万吨,相当于几艘大航母排水量的总和。该船建造中使用了大约26万吨钢材,设计能承受5级飓风,采用专利超过150多项,造价约125亿美元。

该船每年可生产至少530万吨的液化

> 图72　15万立方米LNG-FPSO装置

第2章 造船工业皇冠上的明珠——液化气船

> 图73 壳牌FLNG

气和油,其中包括360万吨液化天然气、130万吨的凝析油和40万吨的液化石油气。

该船液化气体的储存能力达32.6万立方米,设有10个储存舱,其中6个用于液化天然气、4个用于液化石油气。气体从海底送到船上,然后进行冷却液化。每小时要耗用约5 000万升的海水来冷却液化天然气。船上配备了必要的设备,能够通过输油臂输出液化天然气或液化石油气,通过浮式软管系统输出凝析油。

该船通过16根锚桩系泊在海床上,通过柔性立管经由转塔直接连接至进入天然气储层的气井。所有海底控制、数据处理、存储、装载均由该船操作和控制。

这艘船将在普鲁特天然气田停留长达25年之久,然后才会被拖动到另一个海上气田。

小 贴 士

伴 生 气

伴生气能与地下原油相结合,溶解于石油中或游离在石油表面上的以自由气相存在的碳氢化合物。通常指与石油共生的天然气。

凝 析 油

凝析油是在天然气中凝析出来的液相组分,又称"天然气油"。天然气中部分较重的碳氢化合物,在油层的高温、高压条件下呈蒸气状态,储藏于地下数千米深的岩石空隙中;采气时由于压力和温度降低,这类较重的碳氢化合物从天然气中凝析出来,成为轻质油。

凝析油的主要成分是5～8个碳原子的碳氢化合物的混合物,可能含少量8个碳原子以上的碳氢化合物及二氧化碳等杂质,但比原油中的含量低。

凝析油挥发性好,比重小于0.78,它可直接作为燃料,并且是炼油工业的重要原料。

艰难的发展历程

液化气船作为关系世界重要能源运输的高附加值、高技术船舶,以美欧为代表的工业化较早的国家,率先对液化气船进行了研究,世界第一艘液化石油气船和液化天然气船先后在欧美诞生,开创了液化气船建造和应用的先河,并不断改进,直至发展成熟。

纵观液化气船近百年的发展历史,其发展的技术路线是:

一是技术不断走向成熟,开创发展了各种形式的液化气船。液化气的船型由全压式液化石油气船到半冷半压式液化石油气船,再到全冷式液化石油气船及全冷式乙烯船,科研人员克服了一个个困

> 图74 韩国大宇重工

难，突破了一个个技术难题，最终登上了液化气领域的技术最高峰——液化天然气船。

二是发展的地域方向是逐渐从美欧转向东亚。有近百年液化气船研究历史的美欧国家由于掌握了液化气的制冷和保温技术，一直是液化气船的发源地和核心技术的拥有者。日本在20世纪50年代就建造了大量的液化石油气船，特别是自20世纪60年代以来，以日本、韩国为代表的造船大国，为了满足本国对液化气能源需求，通过技术引进、自主创新等手段逐步掌握了液化气船，特别是液化天然气船的设计和建造方法，成为液化天然气船新的领军力量和集大成者，从而造成了世界液化气船的发展路线由西方向亚洲转移的趋势。

> 图75　韩国现代重工

> 图76　韩国三星重工

液化石油气船发展历程

全压式液化石油气船诞生

石油气丙烷的液化温度在标准大气压下约为−42.3摄氏度,在45摄氏度时丙烷的蒸气压力也仅为8个大气压,所以较容易将其液化后储存在耐压10个大气压的储液罐中。

正因为石油气较易液化存储,所以早在20世纪初人类就有了原始的液化石油气船,只不过它们都是由一些油船和货船改装而成的,这些船通过在甲板上改造安放压力容器来存储丙烷和丁烷等液化气。

直到1934年,世界上第一艘专用的液化石油气船"阿格尼塔"号终于诞生了。该船由英国的一家船厂承建,委托方为伦敦的一家石油公司(即现在的壳牌国际航运公司)。它在货船内垂直安装12个铆制的液货容器,装运具有相当压力的丁烷,石油则装在它的周围。该船直到1941年被敌人的鱼雷击沉为止,安全航行了许多年,可见其安全可靠性还是很好的。

不管是20世纪20年代由其他货船或油船改装的液化石油气船,还是40～50年代专门为液化石油气设计的液化气船,它们都是将液化石油气注入液罐,放在船上进行运输,属于全压式液化石油气船。

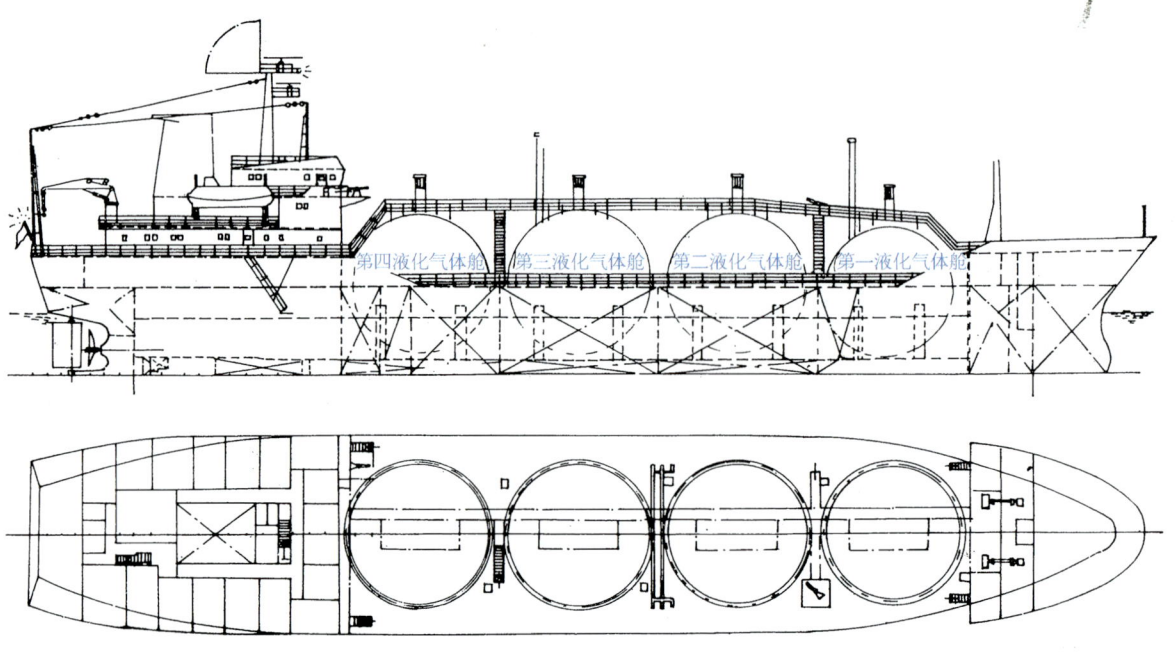

> 图77 球罐形全压式液化石油气船示意图

它们不需要保温，不需包覆绝热材料和配置再液化设备，也不需要进行压力和温度控制，唯一要做的是液罐的壳体能承受约17.5个大气压的压力，因为在正常环境条件下，环境温度不会超过45摄氏度，液罐内部的液化石油气压力就不会超过液罐壳体能承受的压力。

球罐形全压式液化石油气船，利用了球形耐压性能好、消耗相同的材料球容积比其他形状的容器大的特点，是早期垂直圆桶形液罐液化石油气船的改进型。

在20世纪50年代以前，世界各地的许多船厂建造了很多全压式液化石油气船，那时基本是全压式液化石油气船"一统天下"的局面。在这些全压式液化石油气船中比较有代表性的是：1947年建成投入运行的第一条丙烷船"奈特拉·欧·瓦伦"号；1953年，北欧第一艘液化石油气船"拉斯马斯·索尔茨恰波"号建于瑞典的一家船厂；1954年，法国建造的第一艘液化石油气船容量为630立方米；1959年，由意大利C.N.本纳第船厂建造的一艘1 730立方米的"帕作拉斯·莱斯特"号液化石油气船有17个圆柱形竖放压力式液货柜，这种形式为早期采用得最为普遍的布置和结构。

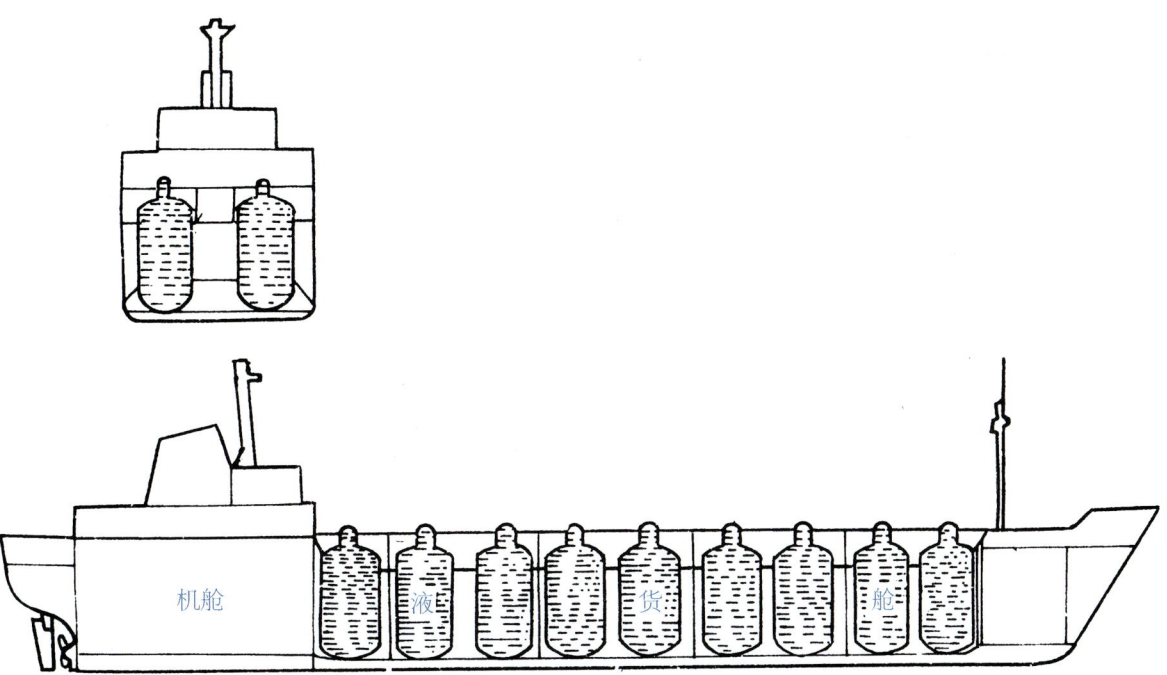

> 图78　立式圆筒形全压式液化石油气船示意图

半冷半压式液化石油气船兴起

随着时代的进步和技术的发展，液化气运输公司追求更高的经济性，因此每条船上会尽量多装液化石油气。由于运输量增大，液化气船的吨位也在增大，圆筒形液罐全压式液化石油气船已不能满足社会发展需求，于是在20世纪50年代末出现了半冷半压式液化石油气船。

世界上半冷半压式液化石油气首制船"迪斯卡特斯"号是1959年由英国的一家船厂建造。这类船的原理就是将液货罐内的液化石油气保持在一定的低温和一定的压力下，这样液罐的罐壁内压比全压式减小，可以做薄一些，容量也可做大。

其间，半冷半压式液化石油气船的代表主要有：1961年和1962年，丹麦先后建成了"丽丽·索尔茨恰波"号和"比尔

> 图80　16 500立方米液化石油气船

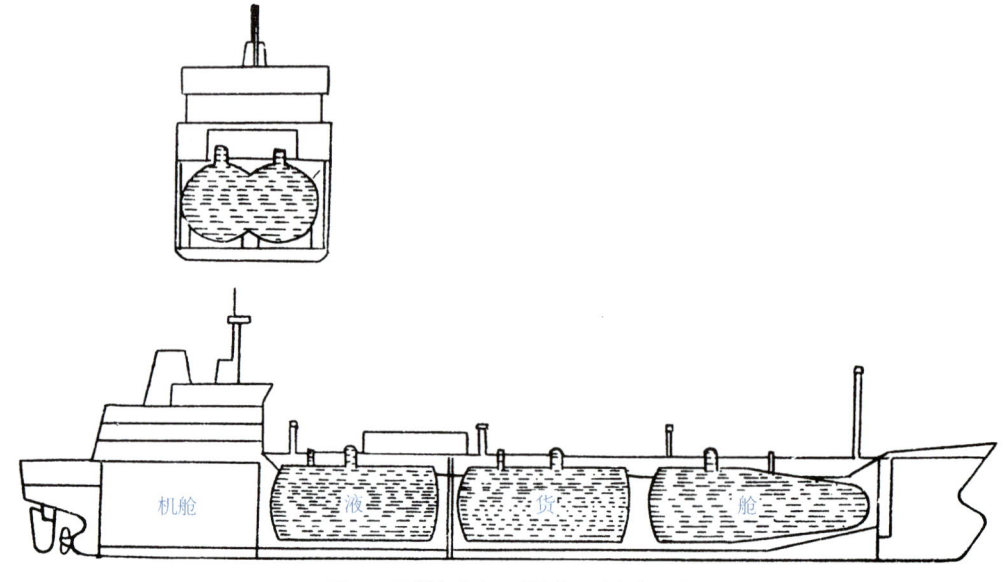

> 图79　早期半冷半压式液化石油气船示意图

茨·索尔茨恰波"号2艘液化石油气船；1963年英国人将一艘"阿勃巴斯"号改造成半冷半压式液化气石油气船，取名"密诺加芝"号；1967年，第一艘能装半冷半压液货，又具有全制冷能力的液化石油气船"帕斯卡尔"号在法国海军船厂建成。

全冷式液化石油气船问世

半冷半压式液化石油气船诞生后，进一步的发展就是全冷式液化石油气船了。因为半冷半压式液化石油气船的液货仍需装在液货罐内，液货罐内的压力虽比全压式低，但还是需要一个能承受一定压力、有一定形状的容器，如圆筒形、双联圆筒形等，因此还不能充分利用船舱的容积。随着制冷技术和绝热材料技术的日臻完善，为了进一步提高经济性，全冷式液化石油气船应运而生。

世界上第一艘全冷式液化石油气船是1961年美国贝壳公司改造的10 270立方米的"伊利地那"号，它可以在标准大气压下运输液化丁烷。1962年，日本三菱重工的长崎利用贝壳公司的设计建成了一艘28 875立方米的全冷式液化石油气船，该船能在标准大气压和-41摄氏度的温度下装运丙烷和丁烷，现易名"披巧·加苏尔"号，至今仍在航行中。全冷式液化石油气船可以在标准大气压条件下，将石油气温度降至沸点以下成为液体，使装货的液货舱罐不再是需要承受内压力的厚壁容器。

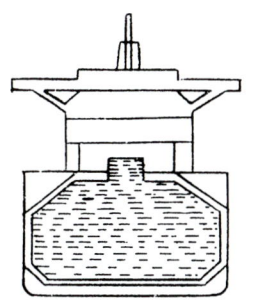

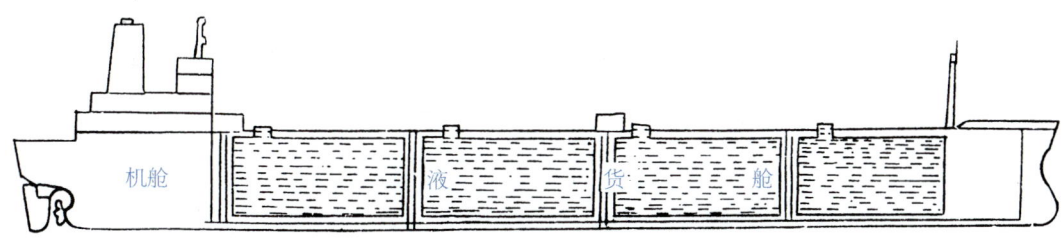

> 图81　早期全冷式液化石油气船示意图

液化天然气船发展历程

储存与运输技术的艰难探索

液化天然气海上储存与运输的方式研究虽然也与液化石油气一样在20世纪40—50年代开始，但由于液化天然气在标准大气压下需要-163摄氏度的超低液化温度，像一座大山挡在前面，难以跨越。

20世纪50年代中期以前，人们提出了许多液化天然气船设计方案，然而在最后分析时，没有人能肯定他们的方案是最可靠、安全的，因为没有经过实船试验。大规模的试验工作当然是最重要的，然而费用也是非常大的。这迫使科研设计人员和企业不得不付出比克服液化石油气运输的困难更为艰辛的努力。

美国、英国初期试验的成就

美国制冷领域专家亨瑞松是研制液化天然气船的第一人。他在内河驳船上进行实验，主要研究储存液化天然气容器的三种不同材质：不锈钢、加少量镍的钢材和铝。最终得出，在当时的技术条件下，只有加少量镍的不锈钢最为合适。另外，他还对木材、玻璃纤维等容器绝热材料和安放位置进行了研究。

考虑到当时液罐的耐低温材料非常昂贵和焊接技术不过关，也许西方人受装葡萄酒的木桶启发，最终采用巴尔沙木做内绝热层，即在金属液罐的内部，用木材

> 图82 我国近年来建造的17万立方米级液化天然气船"南十字星"号

第2章 造船工业皇冠上的明珠——液化气船

> 图83 搭建液货模拟舱

做一个既液密又耐低温的大木桶，既能容装-163摄氏度的液化天然气，又起绝热作用，这样从内部低温液化气传到外部金属罐壳体上的冷量就大大减小，使液罐的金属材料的耐低温要求大大降低。这一方法最终获得了成功。

这些研究和试验证实了液化天然气运输的可能性。然后人们又针对远洋运输特点、液罐的支承、船舶结构的挠曲、波浪冲击的影响、新的铝合金液罐材料等进行了研究，并设计了一个75立方米的试验舱，装载在驳船上模拟海上船舶运输条件进行了相关试验，取得了一系列设计数据。

这种设计建造试验舱的方法至今还在采用，一个船厂若要建造液化天然气船，必须先做一个模拟舱段，获得认可后，才能正式建造液化天然气船。

小 贴 士

法拉第与制冷技术

1845年，著名科学家、电磁学奠基人迈克尔·法拉第首次成功地将常压下的甲烷气体冷却到-163摄氏度，使其变成液体，也就是液化天然气。

一个世纪之后，液化技术才开始应用于开采的天然气。1941年，在美国的俄亥俄州的克利夫兰城建成了第一座液化天然气工厂，液化天然气储存在3.5%镍合金做成的4个储液舱内，其中一个储液舱使用3年后发生了裂缝事故，这表明3.5%镍合金钢材的伸缩性过低，不能适应储藏低温的液化天然气的要求。

由于设计建造制冷技术和管理的难度较高，而当时美国及其他国家对天然气的需求量不多和第二次世界大战的影响，研究工作停滞了10多年，直到20世纪50年代初才恢复进行。

世界上第一艘液化天然气试验船——"甲烷先锋"号的设计建造就是这样开展的。

"甲烷先锋"号液化天然气试验船是美国与英国的两家公司在1957年为进行液化天然气海上运输的大规模可行性试验而合作建造的,该船由一艘英国旧货轮改装设计而成,总容量为5 000立方米,其液货罐是独立式的,材质为铝合金,绝热采用多层胶合板和巴尔沙木。

"甲烷先锋"号共进行了83天试验,包括惰化、装货、系泊试验和航行试验。航行试验于1959年1月25日开始,从美国路易斯安那州的液化天然气基地满载液化天然气启航,在大西洋上航行了5 064海里,平均航速9.4节,虽在大西洋遇到了恶劣天气,在英吉利海峡遇到了迷雾,但它还是在2月20日安全到达英国泰晤士气体公司码头,并在那里成功卸船。

"甲烷先锋"号首航的成功,开创了将液化天然气从生产国通过船舶运输到遥远能源需求地区的先河,揭开了人类大规模运输液化天然气的序幕。在"甲烷先锋"号七次横渡大西洋航行期间,科研人员进行了认真的观察记录,积累了大量的资料,如液货舱每日气化量、温度梯度、货物情况、冷却、加热步骤、方法和时间。正是这些航行前、航行中的测试,为大规模商业资本投资液化天然气船舶的设计建造提供了可靠的资料。

> 图84 "甲烷先锋"号液化天然气船

在上述突破性成就的鼓舞下,英国又建造了2艘液化天然气船,分别命名为"甲烷公主"号和"甲烷前进"号,容量均为27 400立方米,大大增强了美国至英国泰晤士河口运送天然气的运力。

法国液化气试验船的同步开展

在美国、英国建造液化气船取得突破性进展的同时,法国也不甘落后。法国的主要船厂在政府的支持下进行液化天然气船的研究,以寻找在-163摄氏度条件下可用的材料和加工技术。

1961年,法国改装了一艘旧的自由轮作为试验船"布尤维斯"号,船上设计建造了三种不同结构的液货舱,并进行了比较:棱柱形的铝合金结构、双凸形9%镍合金结构和圆柱形9%镍合金结构。这些不同液货舱结构的装船试验在1962年开始,持续了5个月之久,最终得出圆柱形液货舱结构是最为适宜的。

> 图85 "甲烷公主"号和"甲烷进步"号液化天然气船

> 图86 "布尤维斯"号液化天然气船

1965年法国建造了一艘2 550立方米容量的、具有6个竖放的圆柱形液货舱的新船"朱莉斯·温那"号，其建造成功是圆柱形9%镍合金液货舱结构的先驱。该船液货舱的结构形式仍沿用自撑式。

液货舱技术突破与发展

液货舱是液化天然气船的关键设备，其性能的好坏与形式、结构、强度和材料等密切相关。其中，液货舱结构形式是总体设计中首要的关键问题，液货舱结构形式设计得好坏，直接影响到船舶的经济性和安全性。液货舱结构主要有三种形式，按其先后发展顺序总结为：挪威球形、法国薄膜型和日本棱柱形。

挪威莫斯球形液货舱一度独占鳌头

20世纪60年代，挪威发展了一种重要的独立球形液货舱结构，即莫斯（MOSS）球形液货舱。由于为球形舱，且球形主屏壁结构能够进行更加精确的应力分析，防漏性能好，所以其最新的方案设计采用没有次屏壁结构。莫斯球形液货舱很快就成为装运液化天然气船最为流行的一种液货舱结构形式了。

> 图87 球形液货舱液化天然气船

莫斯技术最早应用于两艘87 600立方米的液化天然气船，它们分别是"挪威女郎"号和"液化天然气挑战者"号，是当时最大的液化天然气船。1975年，挪威又建造了一艘126 000立方米液化天然气船"海力"号，这是第一艘超过10万立方米的液化天然气。随后，世界各地相继建造这种船型。

其实球形液货舱结构形式很早就应用在压力式液化石油气船上了，其之所以能应用到液化天然气船上，还与美国海岸警卫队制定的有关球形独立式液货舱可以不需要第二道屏壁的法规有关。正是在该法规颁布后，挪威莫斯集团才率先研究这种结构形式并应用到大型液化天然气船中去。

法国GTT薄膜型液货舱后来居上

同样在20世纪60年代，法国就开始研究一种薄膜型液货舱结构，即应用很薄的合金薄板做膜，通过能经受负荷的绝热层直接贴附在船体结构上，液货的动、静负荷通过绝热层传递到船体结构，而不是由液货舱的主、次屏壁来承受，这种结构的优点是能有效利用船舶货舱空间。

虽然做过许多不同形式的液货舱设计和试验，到目前应用最多的薄膜型液货舱只有两种：MK Ⅲ型和No.96型。

1960年，法国燃气技术公司（简称"TGZ"）和法国气体运输公司（简称"GT"）分别研制成功了两种不同的薄膜型液化天然气液货舱，称为"TGZ型"和"GT型"。

1967年，法国燃气技术公司开发了称为TGZ MarK Ⅰ型的薄膜型液货舱结构，现在MarK型已发展到MK Ⅲ型。而GT型也从用不锈钢和巴尔沙木的综合结构，改为采用0.7毫米殷瓦钢薄板做膜，最早称为No.82的形式，经过No.85、No.88，现已发展为第四代No.96型和它的改进型。

1994年，TGZ和GT两个公司合并为法国燃气海上运输技术公司（简称"GTT"），统一管理这两种薄膜型液货舱。

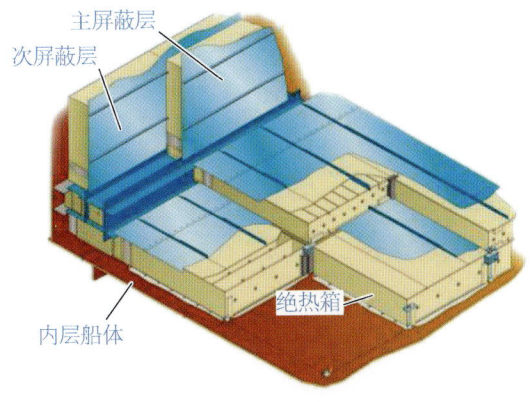

> 图88　GTT No.96薄膜型液货舱结构

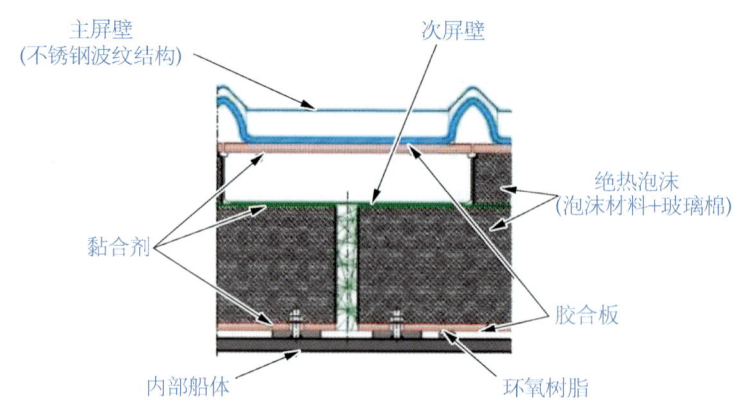

> 图89 MK Ⅲ 薄膜型液货舱结构

薄膜型液货舱结构形式的研究几乎是与莫斯球形液货舱结构形式同步开展的，但之所以莫斯球形液货舱结构形式能很快得到应用，其主要原因是莫斯球形液货舱结构建造比较容易。而薄膜型液货舱结构形式建造很困难，特别是对薄膜材料及焊接水平要求较高。随着薄膜材料殷瓦钢的出现和焊接技术的不断提高，薄膜型液货舱结构形式逐渐得到广泛应用，目前市场占有率已在70%以上，成为现今液化天然气船最主流的液货舱结构形式。

日本SPB型棱柱形液货舱独具特色

SPB型棱柱形液货舱是20世纪90年代由日本石岛播磨基于球形和薄膜型两种结构再度研究后推出的一种全新系统的液货舱。它是由早期的"肯契"型液货舱发展而来，形式属于常见的棱柱形，因此不需要像球形舱那样露在甲板上，但也不同于薄膜型液货舱结构，而是属于独立自撑式，是一种合金钢板和胶合板为支持体的铝质液货舱，造价也较便宜。

尽管具备这些特点，但对于同样大小的船舶货舱空间，它的装载量要比薄膜型小，所以SPB型棱柱形液货舱没有得到天然气运输业界的认同，但在液化石油气船上得到了大量应用。目前，液化天然气船的主导船型还是GTT薄膜型和莫斯球形。据统计，2018年前全世界有107艘球罐形、306艘薄膜型和2艘自撑式棱柱形液化天然气船。

1970年后根据20多年建造液化气船的经验和新工艺的发展，国际造船界制定了一整套法规标准，对货物围护系统、装卸货系统、燃烧气体燃料的设备、安全监控设施等做了严格而明确的规定，使液化气船的设计建造更安全可靠，上升到一个新的阶段。

尽管取得了这些成绩，但直至现在，在如何充分利用船舶货舱空间、多装液化气，如何提高船舶的适装性能，研究性能更好、更经济的液货舱（罐）材料和绝热材料来降低液化天然气蒸发率，降低船舶造价，提高运输经济性等方面，人们还在

不断地探索改进中。

2018年6月，GTT公司又推出了两种新型的液货舱MK Ⅲ Flex和GTT MARS。MK Ⅲ Flex是MK Ⅲ的进化版，具有较低的气化率；GTT MARS是为液化天然气船开发的、可适用于任何尺寸罐体或船体的新型液货舱。

世界液化天然气船建造情况

液化天然气船液货舱技术的重大突破和发展，促进了更多的液化天然气船在世界各地破茧而出，并得到快速发展。

欧美

自第一艘液化天然气试验船"甲烷先锋"号在欧美诞生以来，液化天然气船在欧美得到了快速发展，期间比较典型的液化天然气船主要有：1969—1970年，意大利为美国建造的3艘40 000立方米液化天然气船，分别为"埃索·勃莱加"号、"埃索·普托维耐尔"号、"埃索·利加力亚"号；1970年，西班牙为美国建造"莱依他"号液化天然气船。

但当时的技术还是相对落后的，体现在液化天然气的蒸发率还很高，达每天0.33%，船舶的货舱和液货舱罐的结构材料和液罐的绝热材料还需进一步探索、研究、改进。20世纪70年代，挪威建造了2艘莫斯球形液货舱的87 000立方米液化天然气船，随后世界各地相继建造该船型。

美国虽然很早就开始了液化天然气船的研究工作，但在大型液化天然气船的核心技术开发上迟于欧洲人，以至1969年当美国向日本出口阿拉斯加天然气时，只能向欧洲船厂订购液化天然气船。

1977—1980年，美国通用动力公司昆西船厂，也采用欧洲莫斯技术建造了10艘液化天然气船；美国的纽波特纽斯船厂则采用法国技术，建造了3艘TZ MarK Ⅰ型薄膜型液化天然气船，约126 000立方米。

> 图90　纽波特纽斯船厂建造的126 000立方米"LNG-Delta"号液化天然气船

20世纪90年代以后，由于劳动力成本上升、环保和安全因素，以及日本、韩国液化气船市场和技术的异军突起，导致欧美逐渐不再建造液化天然气船，但液化天然气船的核心技术、创新设计还掌握在欧美国家手中，这些国家逐步以联合设计和技术输出为主。

21世纪初期，欧洲发达国家以劳动密集型为典型特征的重工业日渐衰退，举步维艰。当时无论是以建造球罐型液化天然气船著称的芬兰卡瓦纳·玛萨船厂，还是以建造薄膜型液化天然气船著称的法国大西洋船厂均处于亏损的困境。世界造船重心进一步东移，韩国、日本、中国逐渐成为液化气船建造的主战场！

日本

20世纪60年代后期，作为劳动密集型行业的造船业开始转移至亚洲。70年代起，日本经济处于高速发展期，在世界上造船吨位不断提升，确立了全球造船大国的地位。

作为能源消费大国，日本既是世界最大的液化石油气进口国，也是液化石油气船最大的建造国。在20世纪60年代前，日本就拥有132艘早期的全压式液化石油气船。这些船由日本一些小船厂建造，用于日本近海的液化石油气贸易运输。

> 图91　日本"gas aries"号液化石油气船

> 图92 日本第一艘采用莫斯技术的"戈拉精神"号

20世纪80年代初,已经崛起为世界第一造船大国的日本陆续开始引进国外大量液化天然气建造技术。川崎重工首先引进了挪威的莫斯球形液货舱专利建造技术,并成功地建造了多艘液化天然气船。接着三井造船、三菱重工也引进了莫斯型液化天然气船建造技术。90年代初,长野工业又引进TGZ型液化天然气船技术,石川岛磨重工开发出建造相对容易、成本较低、管理方便的棱柱形B型液货舱,即SPB型液货舱,并取得了专利。另外,石川岛磨重工还通过开发热量隔阻技术,使液货舱液化气的蒸发率由一般的日蒸发量0.15%下降到0.10%。

总之,通过引进液化天然气船舶生产技术和自动化生产设备,并消化、吸收,日本形成了本国的船舶配套产业,降低了生产成本,加之劳动力比欧美低廉,具备了很大的竞争优势。因此,从1980—1994年的14年里,世界液化天然气船的建造基本被日本船厂垄断。历时20年,日本终于从欧洲手中抢到了液化天然气高附加值船舶产业的霸主地位。

在液化天然气船方面,这时期日本建造的比较有代表性的船主要有:1981年,日本川崎重工交付了一艘莫斯球形液化天然气船"戈拉精神"号;1990年,三菱建造的135 000立方米液化天然气船"依卡普拉"号,该船通过采用热量隔阻板技术,使液货舱液化气的日蒸发率下降到0.10%,赢得了当时"世界唯一的超低蒸发量"的赞誉。

韩国

韩国因工业化发展迟于日本，因此其液化天然气船的起步也较日本晚。20世纪60年代后期，韩国开始将造船业列为拉动国民经济的支柱产业，船舶是韩国继半导体和汽车之后最大的出口产业。90年代后期，韩国超过日本，夺得了世界造船吨位第一的地位。

韩国和日本都是液化天然气的消费大户，发展液化天然气船是自然而然的事。自1990年开始，韩国走上了以市场换技术之路。1994年，第一艘韩国产的液化天然气船由现代重工承担建造，命名为"现代乌托邦"号。这是一艘125 000立方米的莫斯球形罐液化气船，基本采用日本设计，韩国也先后购买了莫斯球形罐货物围护系统技术和法国GTT薄膜型液货舱技术。

> 图93 韩国第一艘莫斯球形液化天然气船"现代乌托邦"号

第2章 造船工业皇冠上的明珠——液化气船

> 图94 韩国第一艘薄膜型液化天然气船

1995年，韩国的第一艘13万立方米GT薄膜型液化天然气船建造完工。随后大宇重工引进了GT型、三星重工引进了TGZ薄膜型，这样韩国就成了薄膜型液化天然气船的制造大户。韩国作为世界天然气进口大国，对液化天然气船有旺盛的需求。"现代乌托邦"号建成后，韩国天然气企业向本国船企大量订购液化天然气船，极大地促进了韩国液化天然气船舶制造产业的发展。同时，韩国也投入巨资，采用成套引进生产设备、进口核心部件进行组装等方法，利用本国廉价劳动力，并对技术进行充分消化和吸收，参与了国际高附加值的液化天然气船竞争。

2000年后，随着世界各国对清洁能源的需求不断攀升，液化天然气船舶市场爆发性增长，韩国现代重工、大宇造船、三星重工造船厂通过分工协作，共同拓展国际市场。韩国的液化天然气船建造技术已处于世界领先地位。韩国船厂大型液化天然气船造船能力高达每年30艘以上，占国际市场份额的80%。

2006年，中东的卡塔尔天然气运输公司斥资130亿美元订购了14艘超大型的Q-MAX型、30艘灵便型的Q-FIEX型液化天然气船和若干常规型液化天然气船，这些船几乎同时在韩国的三大船厂建造。

> 图95 Q-MAX型液化天然气船"阿尔·萨姆利亚"号

Q-FlEX型的装载量为21.6万立方米,而Q-MAX型液化天然气船是迄今为止世界上最大的液化天然气船,其船长345米、宽53.8米、型深34.7米,可装载26.4万立方米液化天然气,全部气化后的体积将达1.6亿立方米,可供上海市居民一个月以上的天然气需求。

韩国还较早将液货舱蒸发气用到机舱汽轮机动力装置的锅炉,成为推进汽轮机运转的动力;后来韩国船厂又凭借与欧洲柴油机巨头多年合作开发,较早地将双燃料柴油机引用至机舱推进系统,提高了推进效率,在Q-MAX型液化天然气船上采用了2台曼恩公司的7S70ME-C柴油机驱动,双桨双舵,总功率达4.34万千瓦,航速达19节。另外,在Q-MAX型液化天然气船上,还配有再液化装置,可将运输过程中产生的蒸发气再次压缩冷却液化成液化天然气,重新返回液货舱,大大降低了天然气的运输成本,比一般无再液化装置液化天然气船节约40%以上。

在引进专利的基础上,韩国对GTT公司薄膜型货物围护系统进行消化吸收,韩国三星重工开发了新型KC-1型薄膜型货物围护系统。现已有2艘17.4万立方米的船装备了这一系统,这是继法国GTT公司之后第二个实现商业化的薄膜型货物围护系统。

2008年以来,世界造船行业进入冬季,造船产量大规模下滑,但韩国凭借液化天然气船建造技术的优势,还是在别国拿不到订单的情况下,获得不少船东青睐,拿到了液化天然气船的订单。据资料统计,截至2015年11月底,全世界液化天然气船手持订单合计数量为139艘,其中韩国为100艘、日本31艘、中国5艘、欧盟3艘。韩国的手持订单超过其他国家手持订单的总和。

2018年上半年,韩国承接了18艘液化天然气船,在此型船中优势依旧十分明显。

第2章 造船工业皇冠上的明珠——液化气船

特点大扫描

液化气船作为一种特殊的运送液化气的货船，尽管种类繁多、形式多样，但在结构布局方面还是有许多共同之处，在液货舱设计与建造方面又有许多独特之处。

结构布局

我们知道早期的液化气船是从油船等改造而来，因此液化气船与油船总体设计很相似，呈尾机型，居住舱室都在船艉，储存液货的专用液货舱一般在船中部，且通常液货舱的长度占全船长度的 2/3～3/4。

在外形上，莫斯球形罐液化天然气船具有高出甲板的球形，由于外观上的明显差别，在海上一眼就能识别出，它是21世纪初液化天然气船标志性船型。薄膜型液货舱装运液货的液化天然气船，船体采用双底双壳结构，包覆有绝热材料的薄膜型液货舱紧贴在船体内壳板上；它的露天甲板是平整的，上面布置了与油船相似的液货管路，所以外表上与普通油船难以区别。

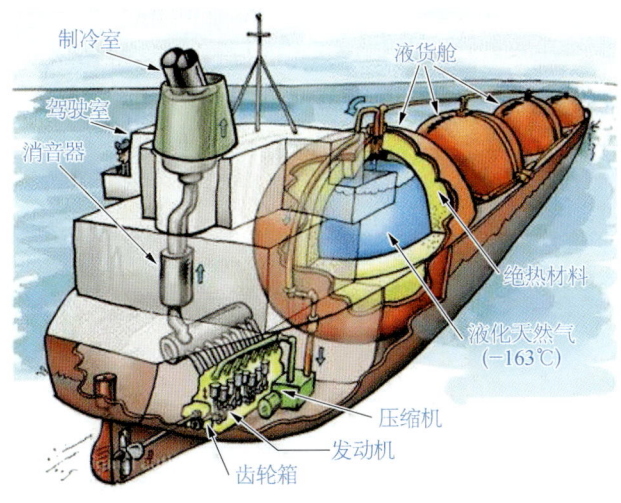

> 图96 B型独立式液货舱液化天然气船

> 图97 我国自主设计制造的超大型船用C型液罐，用于配套85 000立方米超大型半冷半压式乙烷乙烯船

液化气船的基本特性和布局取决于液货的特点。液化石油气船上的液货比重随不同货品而异，丙烷为0.58、单体氯乙烯为0.965、液化天然气纯甲烷为0.42，阿尔及利亚的液化天然气比重则为0.45，但大多数被开采的天然气是混合状态，因此多数液化天然气船是按比重0.5来设计船型的。所以，对液化天然气船有储装液化石油气的可能时，应特殊考虑。

基于安全考虑，对所有的液化天然气船都要求设置双层底和双层船壳结构（除了少数的小型压力式的船或改装船除外）。液货舱的主屏壁可以在多种结构形式中选用，为了保护船的壳体，大多数要求增设第二道屏壁，防止冷液货再向外泄漏。

由于装船的液货很轻（液化天然气的比重约是原油的一半），与装载相同吨位的油船比，舱容就要大一倍，所以液化天然气船干舷很高。

通过多年来的研究、建造经验的总结和事故经验的积累，1975年的国际海事组织（IMO）会议上制订了《散装运输液化气体船舶构造和设备规则》，作为强制性的国际共同认可的文件。

液化气船的液货舱的特点

尽管液化气很危险，但航运界普遍认为：不论是液化石油气船还是液化天然气船，现在已经达到了相当安全的建造水平。这是对长期营运实践得到的安全记录统计后得出的结论。当然，成绩的取得与液化气船设计和建造的许多安全措施密不可分，但要让液化气这个"沉睡的原子弹"不被引爆，最重要的功劳还是那个能够让液化气足够安静的"冷库"——液货舱（有液化气船采用液货罐）。

因此，液化气船最重要、最难设计、最难建造、最具特点的设备就是液货舱，在技术上名为"货物围护系统"。可以说，不同液货舱的形式和特点也就主要反映了整条液化气船的特点。如果说液化气船是造船工业皇冠上的明珠，那液货舱就是明珠上最亮的那道光。

液化石油气船液货舱

全压式

全压式液化石油气船采用在常温状态下装运货物，液货舱通常为压力容器，一般常用于载运丙烷、丁烷类石油气或类似的货品。该类船的液货舱设计压力为1.75兆帕左右，这个工作压力相当于丙烷在45摄氏度时的压力，这个温度也就是船舶运营中环境最高温度。

因为大气温度一般不超过45摄氏度，但液货舱的设计温度往往考虑为50摄氏度，设计压力一般要稍大于所装货物的蒸气压力。假如太阳辐射在舱柜表面或在一些特殊情况下（出现火灾或火焰包围液货罐等），使液货舱温度上升达到45摄氏度，发出温度报警时，水雾系统自动喷淋。

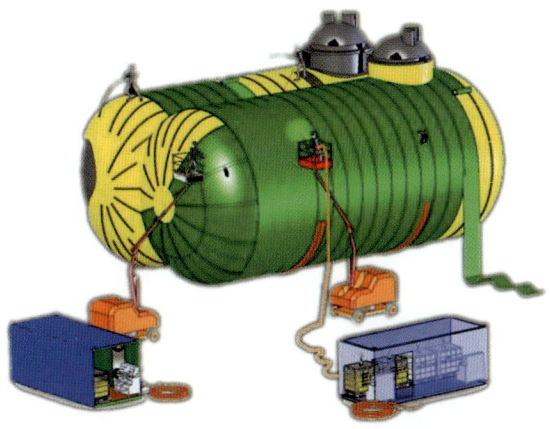

> 图98　半冷半压式液货舱液化气双圆筒

小贴士

IMO制定国际散装液化气体船规则

IMO是国际海事组织（International Maritime Organization）的缩写，是联合国主管海上安全和防止船舶造成海洋污染及其法律问题的专门机构。20世纪60—70年代，通过各国建造液化气船经验的总结，终于颁布了一个可供气体船设计和营运的国际法规——《散装运输液化气体船舶构造和设备规则》，那就是1975年IMO以法规的形式确定下来的国际气体船规则，俗称IGC。各国船级社的要求自此得到统一。

仍有足够的强度,如果气压达到1.86兆帕的话,安全释放阀将被开启,饱和蒸气排放至大气,保证液货舱的安全。这类液货舱最危险的情况是长期处在高温下,又得不到冷却,所以民用的小型液化石油气罐在发生火灾时,必须将其与火源隔离,或者搬到空旷的地方。

这类液货舱的优点是普通等级的钢材即可制作,不需要制冷、加热、包扎绝热材料和配置再液化装置,操作管理方便;但缺点是液货舱自重大、容量较小。据统计,液货重量与液货舱系统总的比值接近2∶1,也就是说运送1 000吨液化石油气,液货舱罐的重量将近500吨,是液货重量的一半。由于受压力容器的材料和制造条件的限制,单筒形的液货舱容积一般不超过3 000立方米,双联圆筒形(蝶形)的液货舱容积一般不超过3 500立方米,因此适合于短途运输,且大部分为小型船只。

半冷半压式

半冷半压式液化石油气船可用于装运所有液化石油气品种及类似的化学液货。其液货舱多采用圆筒型或球形的C型液货舱,不要求设置次屏壁结构。允许工作压力为0.8兆帕,材料用耐低温的碳钢或镍合金钢。液货舱的储运温度约为-48摄氏度(乙烯为-104摄氏度)。

半冷半压式液化石油气船比全压式液化石油气船有了进步,液货重量与液货舱系统设备总的比值可大于4∶1,如16 500立方米半冷半压式液化石油气船的液货舱,容量为5 700立方米,按液货比重0.5

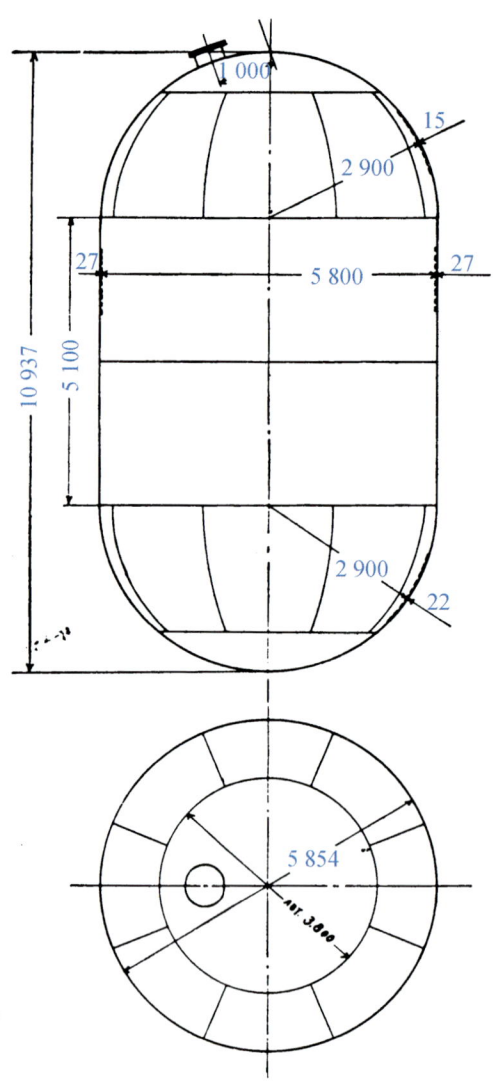

> 图99 236立方米竖形全压式液化石油气液货舱

(该舱直径5.8米、高10.9米,最大的板厚27毫米,采用800兆帕调质高强度钢,重量约40吨,允许使用压力1.8兆帕,相当于18个大气压,水压试验压力达30.5个大气压,液货重量与液货舱重量比约2.5∶1)

所以,在可预计的最高温度下,尽管液化气会膨胀,内部压力升高,但液货舱

计，重量为2 850吨，而液货舱及设备重量为530吨，比值为5.37。同样吨位的船舶，装货量也增加了，经济性也更好了，但它需要控制温度和压力，也就需配置相应的温度和压力仪表，因此需要包覆绝热材料，配置再液化装置。

> 图100　半冷半压式液货舱液化气三圆筒

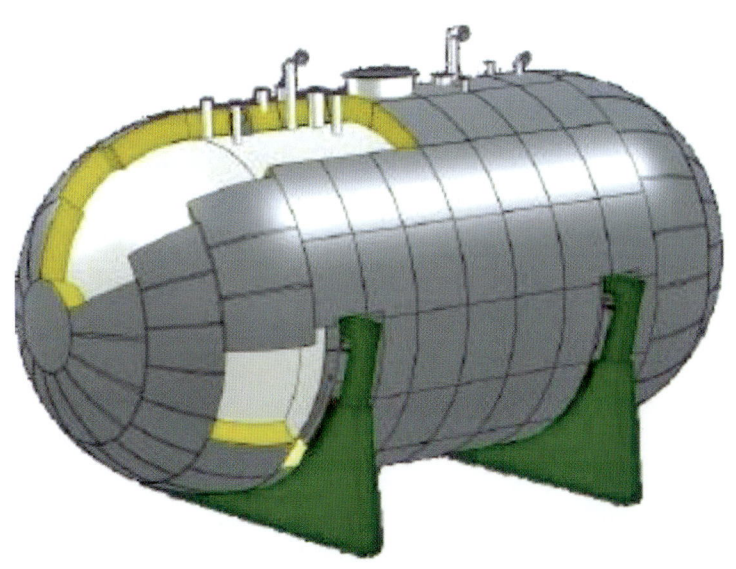

> 图101　半冷半压式液货舱液化气单圆筒

全冷式

全冷式液化石油气船在稍大于大气压力条件下，将温度降到沸点之下来装运货物，主要用于装运碳3、碳4和氨，船容量范围一般为1万～10万立方米，可做成薄膜型液货舱，但大多为A型独立式舱（即内部压力不大于0.7个大气压的独立舱罐），需要完全的次屏壁，通常为自撑式棱柱形舱，设计温度为-50～-45摄氏度，设计压力为0.028兆帕（比大气压高约0.28个大气压）。

也有大型两端球形的圆筒形全冷式独立液货舱罐。液货舱可装运-48摄氏度以上的货物，需配置温度、压力等测量仪表，设置绝热材料和再液化装置，液货舱的材料须具有低温韧性。全冷式液货舱可以是薄膜式，也可以是独立舱罐式。

全冷式液化石油气船同半冷半压式液化石油气船相比，一方面容器的重量减小，货液就可以多装，液货重量与液货舱总重量的比值接近8：1；另一方面薄膜型液货舱可以紧靠船舶货舱的内壁，充分利用船舶货舱的容积，也增加了载货量。

> 图102 全冷式液货舱

独立式液货舱

独立式液货舱最大的特点是与其船体的联接是可拆的，它是独立的，可以在船外加工完成，再吊运到船上进行安装的液货舱。根据其设计蒸气压力的不同，又可分为以下三种类型：

A型独立式液货舱：其最大许可的蒸气压力为0.07兆帕，即舱内气压比正常大气压最多高出约0.7大气压，货物在常压下以全冷冻方式运输，液货舱可承受的最

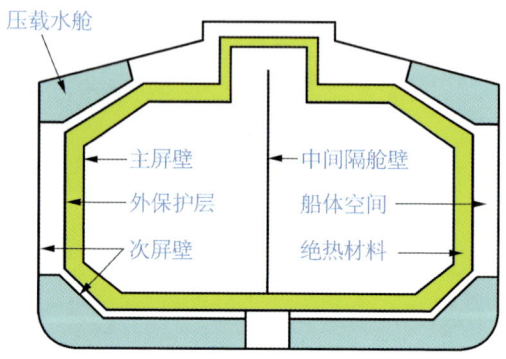
> 图103 A型独立式液货舱剖面

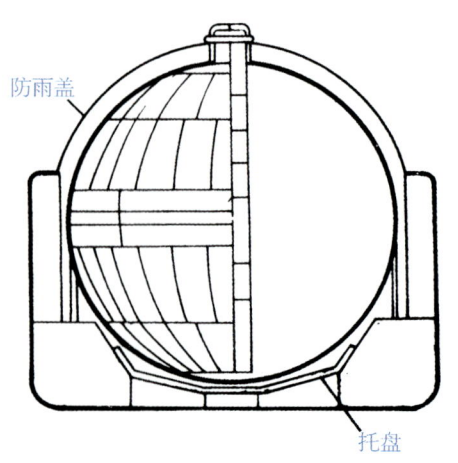
> 图104 B型独立式液货舱

低温度约为-50摄氏度。它是自身支持的棱柱形，液舱承载液货和自身重量，属于重力液货舱。这种方式是长距离运输大容量液化石油气和氨气最经济的方式，如可以从美国一次性将80 000立方米的液化石油气运送到上海。

B型独立式液货舱：可以是重力液货舱或压力液货舱，其设计蒸气压力可以不大于0.07兆帕，也可以大于0.07兆帕，可以提供低温运输方式，温度为-48～-40摄氏度。高压用于运输液化石油气，低压用于运输液化天然气，温度按货品要求。B型舱优点是较全压型轻，建造成本低，适合中型和大型船舶。

C型独立式液货舱：它是设计蒸气压力高于0.2兆帕（约2个大气压）的两端球形圆筒体压力容器，也可以是球形容器，主要用于全压式或半冷半压式液化石油气船上。

用于全压式船上时，工作温度为常温，其设计的最大工作压力应不小于1.7兆帕（约17个大气压）；而用于半冷半压式或全冷式船上时，其设计压力为0.5～0.7兆帕及50%真空，即液货舱既能承受压力，也能承受一定的真空要求；温度按货品要求，如液货舱能承受-163摄氏度的超低温，它就能载运液化天然气。

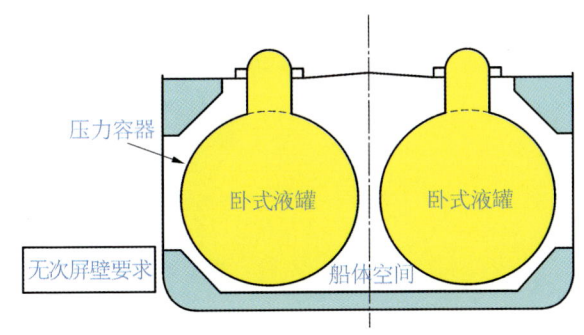

> 图105 典型的全压式液化石油气船上的C型独立式液货舱示意图

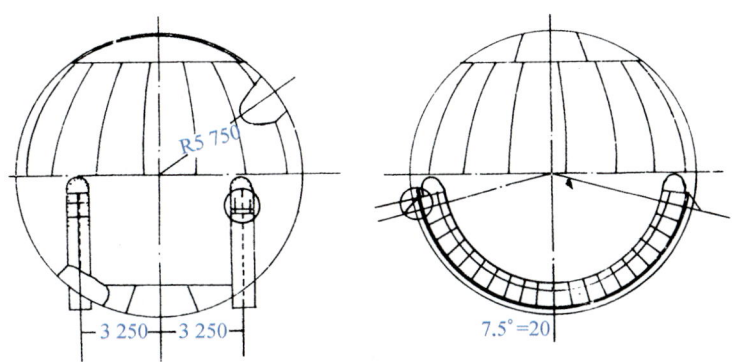

> 图106 半冷式或全冷式液化石油气船上的C型独立式液货舱示意图

> 图107 C型独立式液货舱吊装上船

> 图108 独立式液货舱与船体连接

> 图109 双联独立式液货舱剖面

薄膜型液货舱

薄膜型液货舱为非自身支持型，一般为双层屏壁、双层绝热液货舱。直接接触液货的一层薄膜，即主屏壁薄膜结构设计成波纹形或采取胀缩系数近似为0的材料，可以使热和其他形式的胀缩得到补偿，主屏壁外是两层绝热材料，中间还有一层次屏壁，材料与主屏壁相同。液货舱靠此绝热层支撑，薄膜的厚度一般不超过10 mm，薄膜型液货舱的设计蒸气压力不大于0.07兆帕。

薄膜型液货舱最显著的优点是载货量与建造费用比低，尽管使用了高价的合金和大量的绝热材料，但因材料很薄，薄膜型液货舱需要低温合金材料总重量就很少。能有效地利用船舶的舱容是它另一个优点，因此能用相对较小的船舶来运输相同数量的液货。薄膜型液货舱用于液化石油气船较少，大多用于液化天然气船上。

全冷式液化石油气船较多用A型独立式液货舱，通常为自撑式棱柱形，需完全的次屏壁，液货舱材料具有低温韧性，为细晶粒热处理碳钢或低合金镍钢（2%镍）。

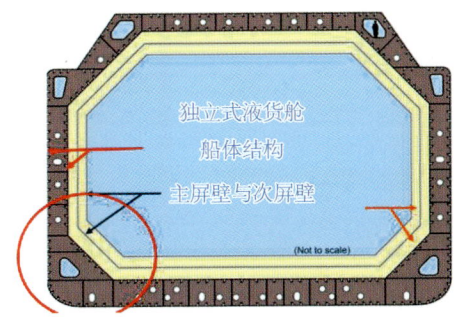

> 图110　Technigaz薄膜型液货舱与船体支承剖面

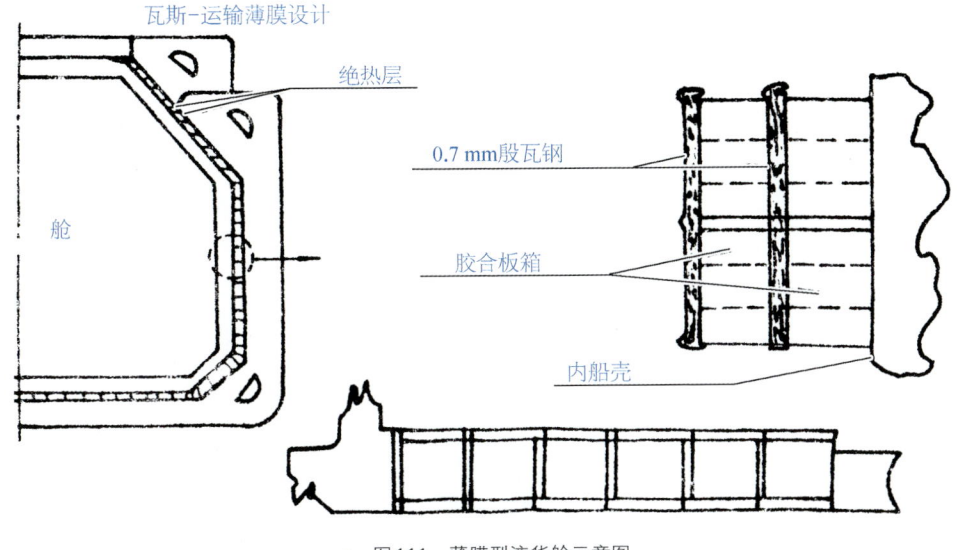

> 图111　薄膜型液货舱示意图

液化天然气船液货舱

棱柱形液货舱

该型船具有平坦的上甲板,双底双壳内的货舱用双层横舱壁隔开,各货舱内安装有特殊合金板块支撑的铝合金或9%镍钢制作的液货罐,次屏壁采用特殊的胶合板,液货罐内设有纵舱壁,可有效遏制液体的晃荡运动,使蒸发气的蒸发率减小。

该型船因甲板平坦,驾驶台视角广,便于驾驶航行。因液罐与船内壳间还有一定间隙,维修方便。

液化天然气液货外是液货舱壁,外面为绝热层,绝热层外是液货舱与船体内壳之间的空隙(内层空气),人员可以进入进行维修,再外是压载舱或空舱,因装货时压载舱内是空舱,所以这个舱内是空气,再外是船体外壳。

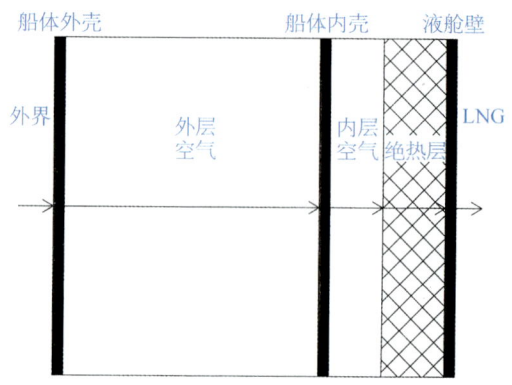

> 图113 SPB型棱柱形B型独立式液货舱与船体货舱壁示意图

> 图112 SPB型棱柱形B型独立式液货舱横剖面图

莫斯球形舱

球形液货舱装在船体货舱内，第一层屏壁是9%镍钢或铝合金，绝热材料用聚氨酯泡沫、酚醛树脂泡沫，结构简单。球形舱由圆柱形筒裙支撑，筒裙可吸收球罐热胀冷缩引起的水平收缩和船体的绕曲变形。球形液罐的液面晃动效应小，操作灵活，安全性能高。

球形液货罐的另一个优点是承压能力强，安全性高，可仅在下半球外设次屏壁。最大的球罐重量可达900吨左右，最大球罐直径大于40 m。球形液罐舱的上部伸出甲板，使甲板不连续，液货管系的布置和维修不方便，航行风阻大，而且驾驶室盲区较大。

球形液货舱液化天然气船在20世纪60年代后期出现，相对于其他形状的液货舱，球形罐的容积和耗材的比值大，所以装载量大，且球体形状的承压强度高。在20世纪90年代是液化天然气船的标志性船型，至2015年5月统计，世界上的莫斯球形舱液化天然气船交付和在建的还达107艘。

> 图114 莫斯球形舱液化天然气船

> 图115 B型球罐液化天然气船

薄膜型液货舱

No.96薄膜型液货舱设有主屏壁和次屏壁，两层屏壁均为0.7 mm的殷瓦钢（含镍36%的钢），由于这种材料的线膨胀系数极小，所以无须考虑热膨胀措施。绝热层有两层，由充填满珍珠岩的绝热箱呈砌砖结构组成。

Gaz Transport的薄膜结构方式，自20世纪60年代开发，当时为Check No.82型，后来作为多种改进，提高了液货舱的可靠性与经济性。现在实际应用的No.96型，绝热箱厚度可达约530 mm，使蒸发气蒸发率达到每日0.1%。通过隔热体体积大型化使总箱数减少，采用金属双头螺栓/连接固定各隔热箱，提高施工效率。

MK Ⅲ型薄膜型液货舱采用1.2 mm的有隆起波纹的不锈钢主屏壁，利用纵横混合的波纹吸收热膨胀。次屏壁采用铝箔纤维加强板。最初的MarK Ⅰ型是使用巴尔沙轻质木材作为绝热材料，由于用户对蒸发气蒸发率的要求，开发了MK Ⅲ型，采用了强化泡沫塑料，如聚氨酯泡沫。绝热材料厚度约250 mm，蒸发气蒸发率也可达每日0.1%。次屏壁有三层（用厚布作铝箔薄膜的加强材料）。这种方式在20世纪90年代末走向成熟。

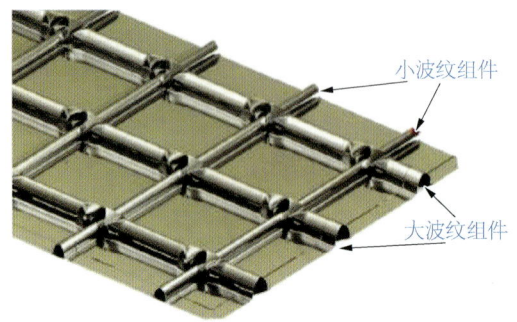

> 图117 MK Ⅲ型波纹状薄膜

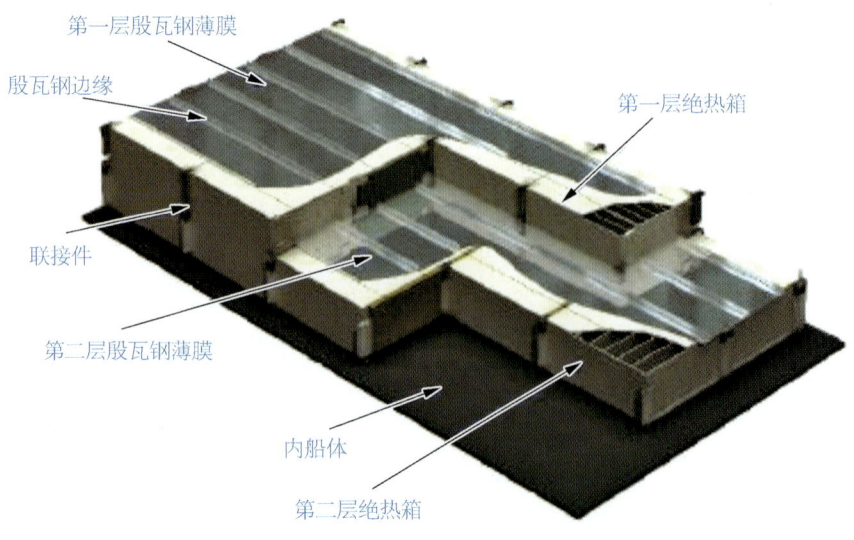

> 图116 No.96型绝热层结构

> 图118 MK Ⅲ型波纹状薄膜模拟舱

这类船体平坦,驾驶盲区小;受风面积小,有较好的操纵性。缺点是晃动效应影响大,装载受限制。对这两种薄膜型液化天然气船,2015年5月统计,MK Ⅲ液化天然气船在建和已交付152艘,No.96型液化天然气船已交付和在建共133艘。

C型独立式液货舱

对于液化天然气船C型液货舱属于通用技术,无专利限制,在经济上有优势,主要用于为小型城镇服务的储气站或岛屿储气罐运送液化天然气的中小型液化天然气船(或称"支线船")或为其他燃用液化天然气的船舶加注液化天然气的液化天然气加注船。

液罐本身作为压力容器设计,不需要次屏壁,容易建造。这种设计建造成本低,装置简单,操作管理方便。这类船的液罐包覆绝热材料,但可能没有再液化装置,多余的蒸发气只能送燃烧装置无害燃烧,也可以供机舱双燃料柴油机作燃料。比如,某1 000立方米液化天然气加注船,其蒸发气蒸发量设计按每天0.6%考虑,其蒸发率比大型的液化天然气船多得多,浪费也多,所以只能适合短途运输。该船型称为"蓄压式液化天然气船"。

| 液化气船

> 图119 液化天然气船吊装C型液货罐

现在有人在研究压力式C型液罐液化气船，其原理是将小型C型独立式液货舱内的压力适当提高，这样液货的液化温度就可以增高，温度自-163摄氏度上升到-123～-62摄氏度，相应内部压力增加到1.0～7.6兆帕，对液货舱及相关液货泵、再液化装置的材料要求可降低，因温度上升，对再液化装置的能量要求降低，将其气化输送时所需的能量也下降，这类船称为"压力式P型液化天然气船"。

目前，液化天然气船的主导船型为GTT薄膜型和莫斯球形，它们都是专利产品，需购买专利才能生产制造。莫斯球形液化天然气船曾为液化天然气船的标志性船型，但后来因GTT薄膜型液化天然气船的很多性能优于莫斯球形液化天然气船，如GTT薄膜型货舱液化天然气船的建造成本更低、宽阔的甲板更利于管子布置、空气阻力更小、操纵性更好而大量建造。

第2章 造船工业皇冠上的明珠——液化气船

比飞机造价昂贵的船

液化气船的高技术含量、高建造难度和高可靠性，决定了液化气船具有比一般船舶要高的成本和经济价值。

同普通的远洋散货船相比，液化气船除机舱设备、甲板机械等常规设备外，还要设置价格昂贵的液货舱、液货装卸设备和系统、再液化装置和系统、蒸发气无害燃烧装置、干粉灭火和水喷淋降温灭火系统等。这些设备和系统都必须适应液货的超低温，一般的碳钢不能达到设计要求，而且建造难度极高，对建造人员素质和技能的要求也极高，也就决定了液化气船的设备和建造的高成本。

2017年6月，日本商船三井、中远海运向我国订购了4艘17.4万立方米液化天然气船，该船总长295 m、型宽45 m、设计吃水深11.5 m，是全新升级换代的低能耗低蒸发率绿色生态船。新一代液化天然气船液货舱围护系统，日蒸发率可降至0.1%；采用最新一代双燃料动力系统使主机每日油耗降至百吨之内，能耗下降16%。这一高科技含量的船舶是我国在激烈的国际竞争中力压日韩船企拿下的订单，4艘船的总造价高达52亿元人民币，平均每艘13亿人民币，而同样吨位的一艘普通远洋货船售价不到5 000万美元（折算成人民币约3.3亿多人民币）。就是与一架价值5亿人民币波音737-700飞机相比，每艘液化天然气船的造价也是它的两倍多。

表2　135 000立方米液化天然气船合同价格

年份	1998	1999	2000	2001	2002	2003	2004	2005	2006
价格（亿美元）	1.9	1.65	1.725	1.65	1.5	1.55	1.85	2.05	2.20

液化气船

> 图120 "泛亚"号液化天然气船进港中

> 图121 "泛亚"号液化天然气船的雄姿

表3 液化石油气船和液化天然气船市场价

年 份	船型价格（万美元）	
	8.3万立方米液化石油气船	16万立方米液化天然气船
2015年年底	7 700	19 900
2016年年底	7 100	19 700
2017年2月	7 000	18 800
2017年4月	7 000	18 300
2017年6月	7 050	17 900
2017年8月	7 000	18 200
2017年9月	7 000	18 200
2017年10月	7 000	18 200
2017年11月底	7 000	18 200

第3章

独门"法宝"和"保护神"
—— 液化气船的独特装置

液化气船

液化气船储运的是高压或低温的液货，特别是运输乙烯和液化天然气的船舶，储运温度需分别达到-104摄氏度和-163摄氏度的超低温，这些超低温的液体储存在液货舱内。

在常温运输中，因和环境的巨大温差及船舶在波浪中的摇摆引起的液货晃动，极易造成液货蒸发。

为了不使液货舱的内压因蒸发气的增多而增加，对液货舱结构造成损伤，又要防止液货和蒸发气泄漏产生的低温侵蚀、火灾危险，船上需要配有许多特殊的设备和系统，来保证液化气船的安全运输，它们是液化气船的独门"法宝"和"保护神"。

那么，这些超低温的危险"气体"是如何加注到船上？如何在船舶运输过程中保持定压或低温？当船舶到达卸货码头后，如何将它们运送上岸？在运输途中，如何处理危险的蒸发气？如何确保船舶的防火安全的呢？

安全装货（加注液化气）、安全载货（储存液化气并带"气"运输）和安全卸货（向外输送液化气）是液化气船的三大基本功能，为了对这些功能过程有一个整体认识，首先用一张图来表示液化气（主要是液化天然气）的装货、载货、卸货流程中所用的特殊设备。

> 图122 薄膜型液货舱

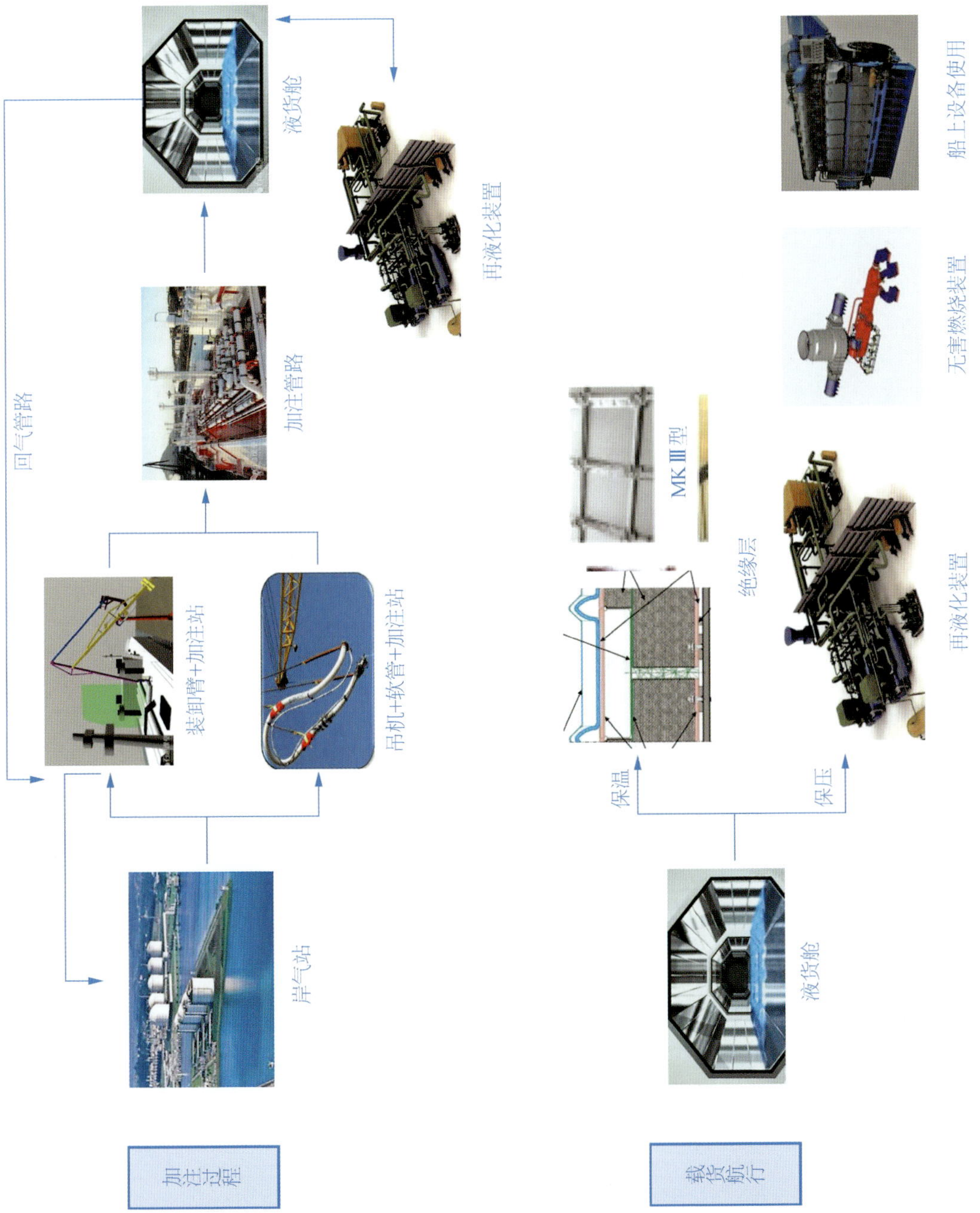

第3章 独门"法宝"和"保护神"——液化气船的独特装置

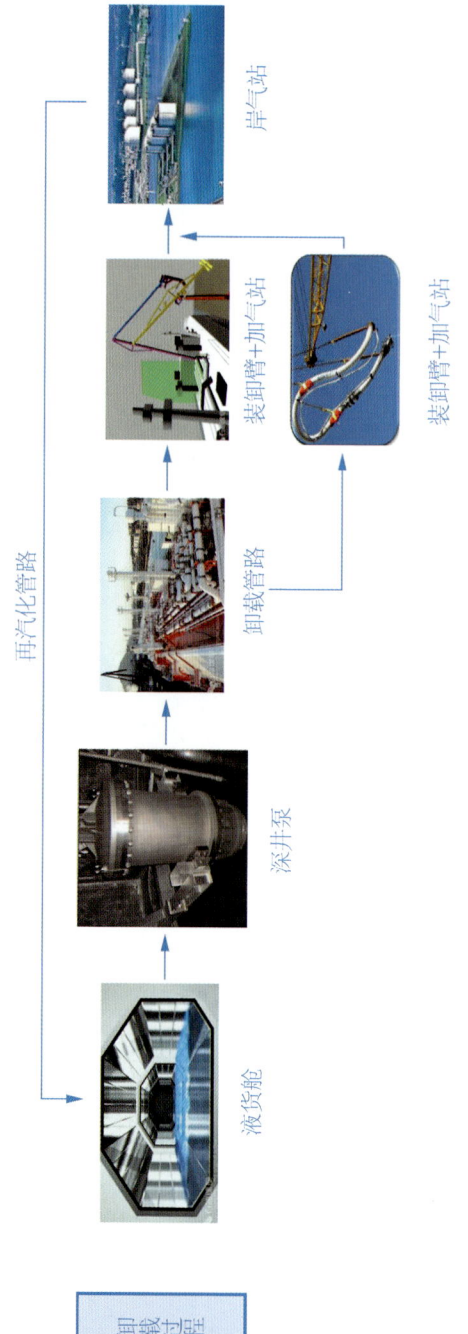

> 图 123 液化气船加注、载运、卸货流程图

液化气的"乾坤大挪移"

液化气船的加注

加注方式

液化气是采用类似汽车加油的方法给液货舱加注,但它要比汽车加油复杂很多,汽车加油是开式的,油箱的盖打开,内部汽油直接与空气接触,加油枪也没有与油箱封闭连接,所以加油站的环境空气中常有汽油的味道,这是扩散在空气中的汽油颗粒作怪。这些汽油颗粒也是可能引发火灾的危险分子,只要有一点火星,就可能引发一场灾难性的火灾。

而液化气比汽油更易蒸发,更易着火,也就更危险,且它没有味道,就更有欺骗性,一旦发生火灾,必将是灾难性的。所以液化气的加注,不论是液化石油气,还是液化天然气,其加注方法都是封闭的,也就是液化气都在管子中流动,并加注到液货舱中,与外界空气不发生直接接触。

为克服岸上加注站和船上加注站的高度差及船的晃动引起两个加注口的距离位置变化,与汽车加油一样,要用装卸臂或软管连接两个加注口进行加注。装卸臂和软管都有伸缩的性能,它们解决了两加注口距离和位置变化引起的麻烦。

> 图124 海上液化气转驳

来自海底的天然气经过类似"蓝鲸"号这样的海上石油平台从海底开采出来,经过处理和液化,暂存于平台液货舱内,再通过软管加注到船上,储存于船液货舱内。

来自陆地上天然气处理厂的液化气,在液化气船到达停靠的码头后,可通过装卸臂或软管送到船上。

装载量多的液化气船也会将液化气转驳到小型船舶上,再由小型船舶将液化气传输到更加靠近需要使用液化气的地方储气罐。这个过程需要软管传输。

> 图125 岸站加注液化气

> 图126 码头液化气装卸臂转驳

第3章 独门"法宝"和"保护神"——液化气船的独特装置

> 图127 大船对小船转驳

> 图128 液化石油气船加气站(液化天然气船也有类似装置)

加注原理

液化石油气（包括液化乙烯）、液化天然气等低温液货的加注方式基本相似，但都必须是封闭式加注，即加注口之间用软管或装卸臂直接连接。下面以易燃的低温天然气加注方式为例，介绍一下加注过程。

液货加注的原理是岸基储液罐中液化气通过耐一定压力的固定管路，再经与液化气船加注站接口相接的软管或装卸臂加注到船上的液货舱中。因天然气属于温室气体，在加注液化的天然气过程中，按环保要求，液化气是不允许排入大气，所以液化气船的液货舱是封闭式的。

在岸基加气站向船上输送加注液化气时，液货通过液货总管向液货舱内输送，液货舱内液体容积不断增加，舱内上部的气体容积不断减小，气压上升。这些气体也是蒸发气，必须通过回气管导入岸基加气站内，才能保持液货舱内压力恒定（薄膜型液货舱承受压力较低，C型独立式液货舱承受压力稍高）。

因此，为了保持液货舱的压力不超过使用要求，除需要在液货舱顶部设置联通到岸基的一路回气管路，将在加注过程中挥发出的气体直接压回或经压缩机泵回岸基储液罐中，以保持液货舱内的压力平衡，防止过大的气压将液货舱破坏。

全压式液化气船的加注过程：从岸上来的液化气进入船上液货总管，然后再进入液货舱。在进入液货舱前的管路上有一接口，与液货舱的液货泵排出主管相接；但在加注时，液货泵排出管上的阀门是关闭的（在排出时，进入液货舱的加注管上的阀门是关闭的）。在液货舱顶部有一回气管，通过回气总管排至岸上接收站，如接收站较远，船上配有压缩机将回气加压，通过回气总管排至岸上接收站。全压式加注中，液货舱和液货管路不需保温。

若岸基储液罐不具备回收气体功能，

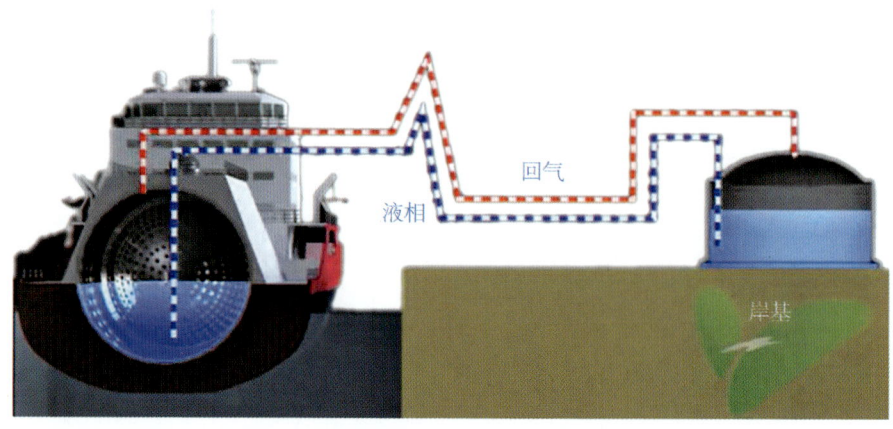

> 图129 液化气加注示意图

第3章 独门"法宝"和"保护神"——液化气船的独特装置

必须将液货舱上部的这部分气体在船上进行再液化处理,使之变成液态,重新注入液货舱内。使液货舱的压力在使用要求的范围内。

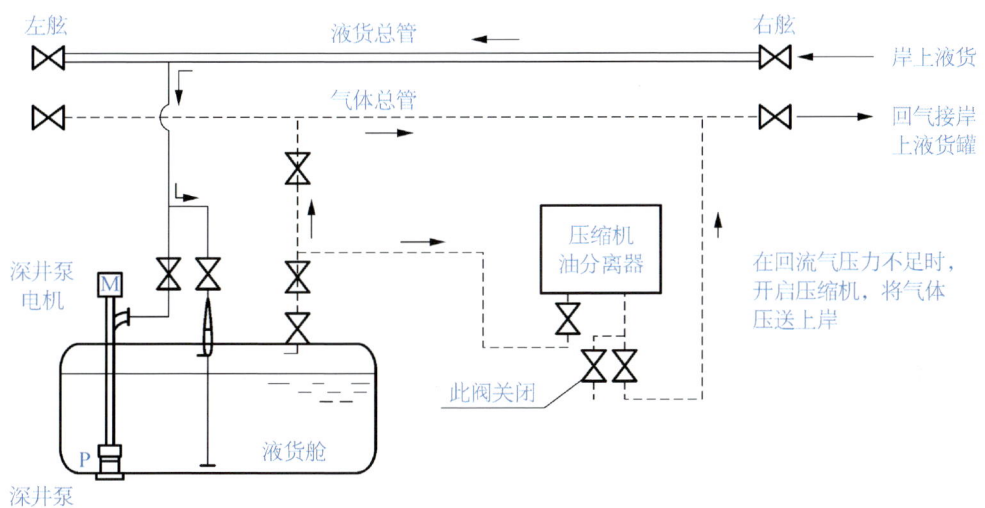

> 图130 全压式液化气船加注过程示意图

> 图131 液化气加注连接示意图

加注步骤

加注步骤及加注原理虽然简单,但是由于液化天然气是易燃易爆的气体,在加注过程中既需要保持低温,又要严格防止液化气泄漏至空气中,因此实际上液化气加注并没有想象的那么容易,需要严格按照一定的操作流程进行加注。下面就以岸基码头为液化气船加注液化气的操作流程为例进行介绍。

第一步:岸基码头装卸臂与液化气船加气站区域的加注管道相连。

第二步:液化气船上加气站区域设置有水幕保护装置,如果有泄漏就会开启,防止意外泄漏的低温液化气损坏船体钢板。

> 图132　管路对接

> 图133　液化天然气加气示意图

第3章 独门"法宝"和"保护神"——液化气船的独特装置

第三步：加注方管路提前预冷。

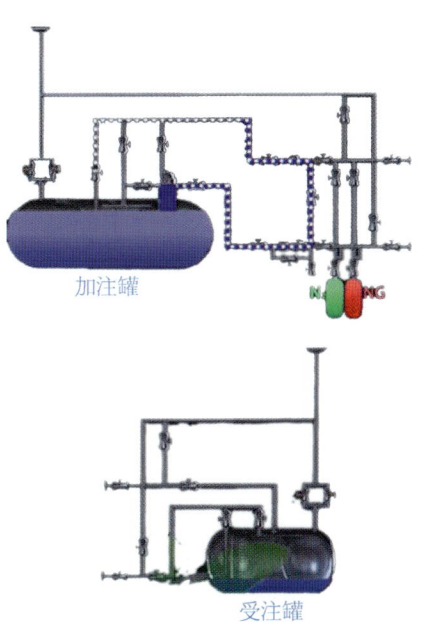

为何用氮气吹扫管路而不用空气呢？

因为氮气是不活泼气体，也称为"惰性气体"，不会与液化气发生氧化反应而燃烧，因此，工业上常用氮气气体来吹扫管路。氮气在大气中含量极高，占70%以上，但要得到也不容易，需将空气压缩冷却多次，才能得到液化的氮气。

> 图134 加注管预冷

第四步：液化气船的液货舱管路用氮气进行吹扫，以排除管路中含氧的空气。

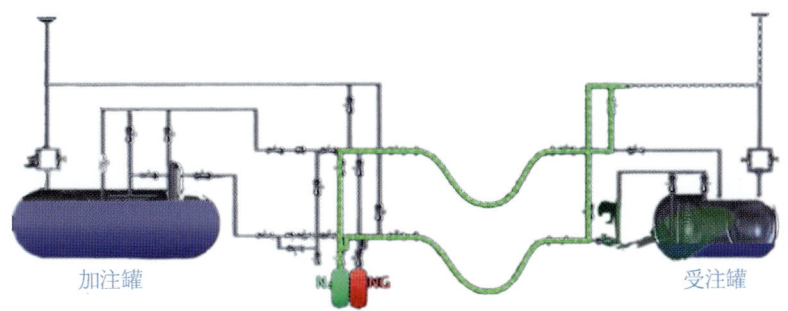

> 图135 液货管路氮气吹扫

第五步：在氮气将管路吹扫后，需要用天然气将管道中的氮气排空，排至距船步桥走道上一定高度的空气中或进行回收，以保证加注时液货舱内没有含氧的空气进入，仅为纯净的液态天然气或少量气态天然气。

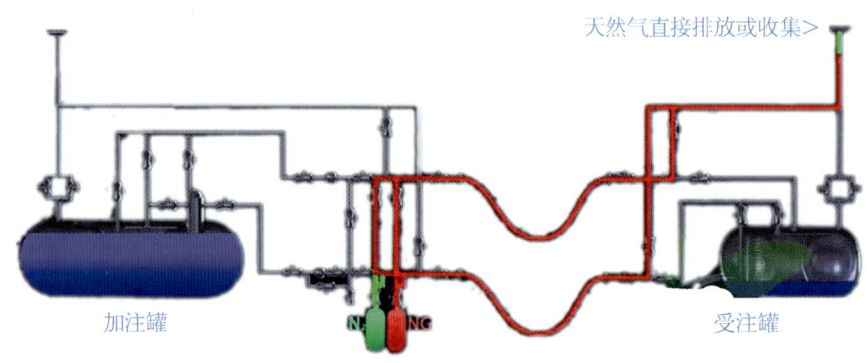

> 图136 液货舱管路气体置换

第六步：采用喷淋形式，将少量液化天然气注入液货舱，给液货舱预冷，降到需要的低温，减少大量液化气注入时液货温度和液货舱温度的温差。这时回气管和加注管都需要保持通畅，保证安全加注。

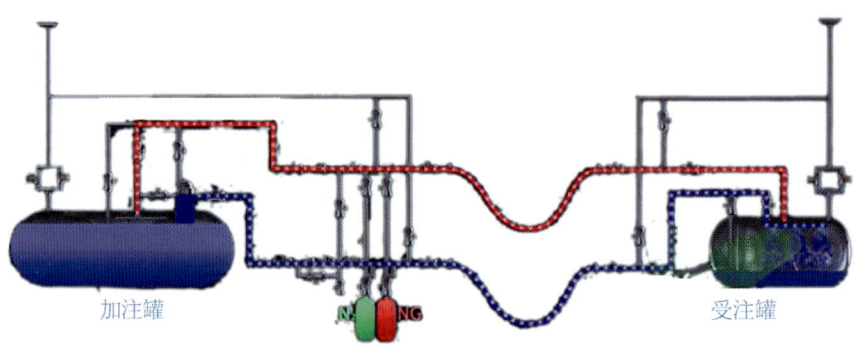

> 图137 预冷喷淋

第七步：准备工作完毕，可以正式开始加注了。大量的液化天然气通过加注管路源源不断地进入液货舱，同时气化的天然气靠气压差或压缩机的帮助源源不断地回到岸基储液舱中。

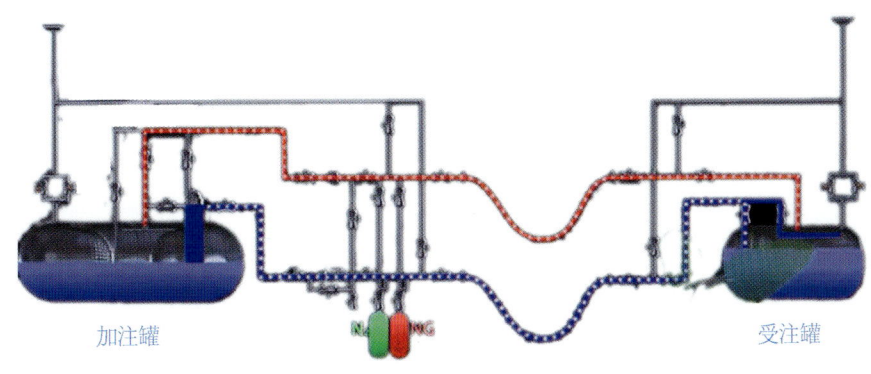

> 图138 正式加注

第八步：加注完毕后，用低温气态天然气将管道内液态天然气吹回到岸基的液罐中。

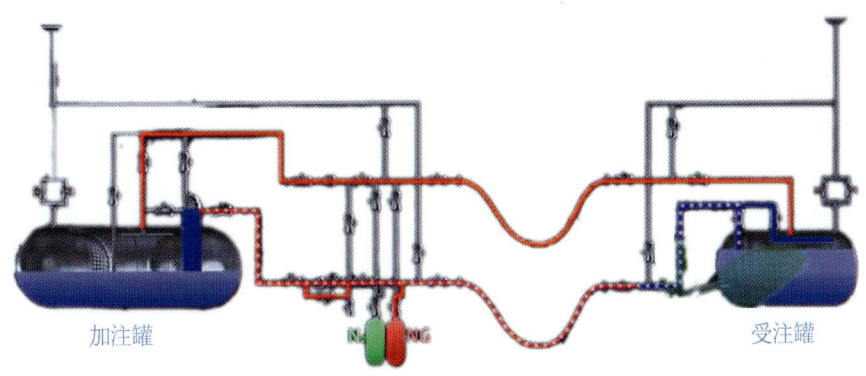

> 图139 低温气态天然气吹回液态天然气

第九步：再用氮气将管路中的天然气排除回到岸基储液罐中，确保液化气船的管路在整个运输过程中被惰性的氮气充满，没有天然气滞留在里面（即惰化管路），使船舶在航行运输过程中处于安全状态。

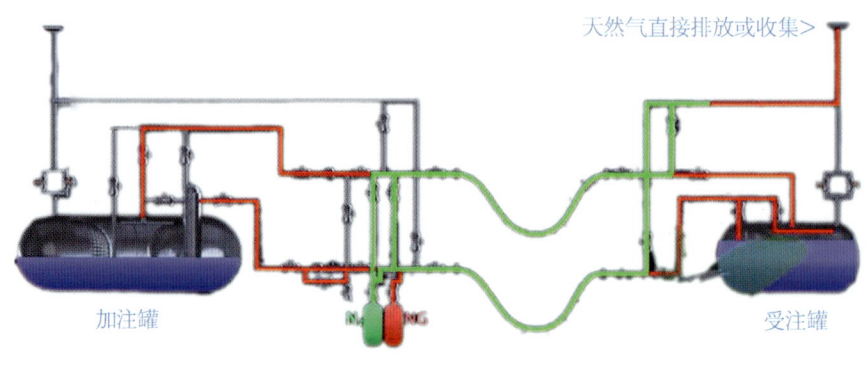

> 图140　惰化管路

第十步：将装卸臂与加气站的管路分开。此时船上加气站的管路里面已经没有危险气体天然气了。加气过程即结束。

在加气过程中如果发生任何危险，岸基的加气源需要与船上的加气站短时间分开，防止发生爆炸等危险。

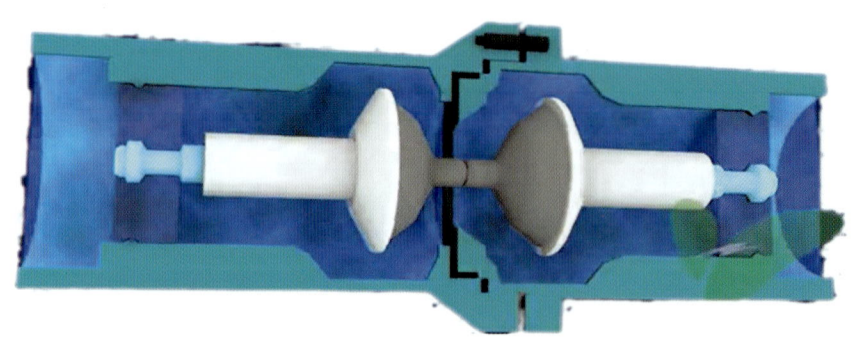

> 图141　脱断接头

第3章 独门"法宝"和"保护神"——液化气船的独特装置

加注特殊设备

加注软管和吊机 液化气是流动的液体,需要用软管及特殊的接头与船上加气站的液货管道相连,才能保证液化气源和船上加注接头有高低左右偏差情况下,安全注入到液货舱。这些为加气服务的软管全部都是特殊材料制成的,既可以抵抗高压,又可以耐低温。同时,设置的与船上液货管连接的接头需要拆卸方便,且密封性能良好,液化的气体不能有泄漏。

由于一艘船液货舱的容积很大,为了增加船上的装卸效率,减少船舶在码头停靠时间,这些软管的直径都很大。软管接头考虑到密封、大直径等要求,加气软管的重量至少有几百千克,需要依靠吊机将软管从加气源处运送到船上的加气站位置。当加注软管接口与船上的液货管连接好后,就可以按前述加注步骤将液化气源源不断地送到船上的液货舱中进行存储。

> 图142 加注软管与船上液货管相连图

> 图143 液化天然气可自动关闭软管接头

> 图144 吊机运送加注管

加注"神器"——装卸臂 在专用的液化气岸基码头,有专门的装卸臂为液化天然气船加注服务。有了这个帮手,前面提到的软管和吊机就不需要了。装卸臂可以看作是可以移动的加注管,可以消除液化气船和码头相对移动的影响,通过装卸臂末端的接头与船上的加气站管路相连,进行加注液化天然气。当危险发生时,装卸臂可与船上管路自动脱开。这种方式较软管与吊机配合使用更加安全,工作效率更加高。当然,这个设备也是非常复杂和昂贵的。

传输液体的管道 液化气船的管道是液化气传输的关键设备,根据加注过程中功能的不同,可分为加注管路系统、冷却喷淋管路系统、再液化装置管路系统等。

为了防止经常需要拆卸的管路接口处可能会泄漏的低温液货冻"伤"船体结构,设计人员会在这些区域进行特设的设计,用来保护船体。例如,在船上加气站处,液货加注管与加注臂的接口处,其下部配有滴液盘,盘内放满了碎石头,就是吸收滴下液货的冷量用的,以防直接滴在船体结构上。前面提到的水幕保护,除预防失火外也起上述相同的作用。

> 图145 装卸臂

第3章 独门"法宝"和"保护神"——液化气船的独特装置

 液化气船码头卸货

液化气船安全达到港口后,也需对输气管路预冷和驱气,接下来就是将液货从液货舱内卸载到码头或其他需要的船上。这个过程与加注过程正好是逆向的。

对于专用的液化天然气装卸码头,会配备专门的装卸臂,与船上加气站处的液货总管接口相连。如果没有专门的装卸臂,也可以使用软管,这也是一种常用的卸载方式。

货舱内液货泵开始工作,源源不断将舱内的液货通过软管或装卸臂传输到岸上的液货存储站。卸货过程与加注过程原理相似,所用到的设备基本相同。

卸货工作原理

液货卸载的原理是利用液货舱液货泵将船上液货舱中的液化气输送到岸基站的储液罐中。在液货舱顶部设置联通到岸基的回气管路,在卸载过程中将岸基站的液化气蒸发气体压送回到船上液货舱中,以保持液货舱内的压力平衡,防止过大的气压将液货舱破坏。

卸载的顺序与加注的步骤基本相似,这里不再赘述。

卸载时,如通过安装在液货舱底部的深井泵,将液货泵至岸上储液罐的压力不够,可以在船上设一个增压泵将液货加压送上岸。

在岸基储液罐不具备供回气或码头没有回气管时,船上应配有气化装置,在泵出的液货中抽出一小部分,从旁边的通道进入气化装置,进行加热气化,再用压缩机压入液货舱,以免液货舱出现真空,导致液货舱损坏。那用什么来加热呢?舷外的海水就是很好的加热介质,常温下的海水温度比液化石油气高50摄氏度以上,比液化天然气甚至高了200多摄氏度,所以能让液化气气化。

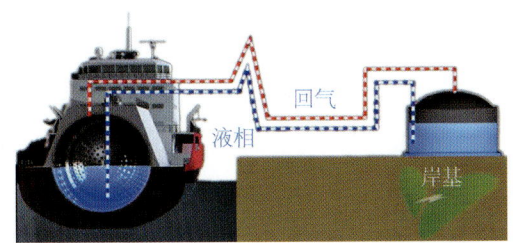

> 图146 液化天然气卸载工作原理

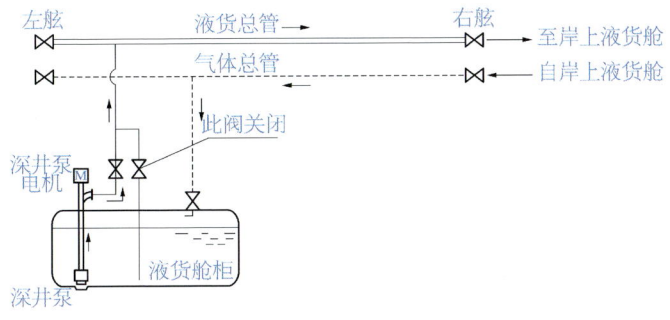

> 图147 全压式液化气船卸载管路示意图

卸货特殊设备

卸货过程基本就是加注过程的逆向，其中装卸臂、吊机、软管等设备与加注过程中为同一套设备。本部分仅介绍与加注过程中不同的设备。

液货泵——卸货必备　液货泵是安装在液货舱内，专门为液货抽出船外服务。液货泵与我们日常生活中的抽水泵工作原理相似。由于液货泵输送的液化气液体是危险性很高的可燃气体变成的液体，电机在工作中不能产生火花。另外，液货泵较常规水泵而言，主要还有以下两个特点：

（1）耐低温。由于液货的温度极低，如液化天然气的温度低达-163摄氏度，液货泵就要耐-163摄氏度的低温。

（2）压力高。液货舱一般很深，大的液货舱有40多米深，液货泵浸没在液货舱的底部，使液货泵进口保持正压，才能将液货抽上来，泵出船外，送至岸上接收站或者其他需要的地方。

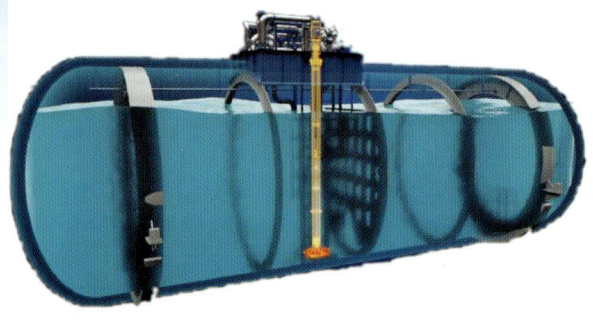

> 图148　C型液货舱中的液货泵

> 图149　薄膜型液货舱中液货泵塔

将一定量的水提升的高度越高,需要的外力越大。因此,液货舱越深,泵的吸口位置越低,需要泵的排出压力也就越大。为了能把液货吸排干净,液货舱的底部往往设有凹坑,液货泵的吸口就置于凹坑内,这一凹坑称为"集液槽"。

对于岸上接收液货设备较远、较高的情况,液货泵的压力如不足以将液货送到,这时就需在管路出船前加一个液货增压泵,对液货加压,把货液送至目标地。

> 图150　薄膜型液货舱液货泵及泵塔

液化天然气船液货泵有一个长长的三角形桁架结构,用于固定泵的转动部件和排出管路,上部与驱动电机相连,并固定在甲板基座上。这个结构可以保证液货泵的管路是垂直于液货舱底部,有利于泵将液货排出液货舱。

> 图151　液货舱内液货泵底部吸口

> 图152　甲板处液货泵电机

卸载管路

卸载管路的设置与加注管路实际上是同一管路，仅液化气流向和部分管段上阀门的开放/关闭不同，卸载过程功能与加注过程功能及要求相似。

卸载管路 由于液化气船的液货舱是密封的，在向船外输送液化气时，液货泵从液货舱不断抽出液体，通过卸载管路向外输送，液货舱内液体体积就不断减少，泵吸口上部的液体重量就减小；相应气体部分体积就增加，虽有部分液体会蒸发使气压上升，但是卸货的速度较蒸发气产生的速度快，气体总的压力会下降，特别是在液货舱液位较低时，甚至出现负压。这对泵的工作极为不利。

为了增加舱内气体的压力，须从岸上的接收站设置一根回气管与船上回气管相接，岸上的接收站蒸发气回气可进入液货舱内，保持液货泵吸口有一定的正压，避免液货舱内出现过大的真空，这是液化气船卸载液化气的特点。

再气化管路 如果岸上加气站没有回气管，就需要在船上设置将部分液态气体变成气态气体的设备和管路，返回液货舱，以保证液货舱的正压，确保卸货的安全。卸货过程中，在液化气的排出管路上引一部分液化气出来，将其加热，变成气体，引回到液货舱中。对丙烷来说，沸点是-48摄氏度，所以周围5摄氏度以上的海水就可以将其加热汽化。

被加热的液货汽化后，用压缩机将其打回相应的液货舱中，这样就保持了船上液货舱的微正压，能使液货卸货正常进行。

对于温度低于5摄氏度的海水，为防海水在加热液货时被冷却结冰，船上应配置加热装置，如蒸汽锅炉，用锅炉产生的蒸汽将海水温度提高或采用防冻措施，以达到使液货气化的目的。

海上超级保"冷"库

液货舱的作用和适用性

液化气必须在液体状态下运输才能保证货物运输的高效性和经济性，而保持液态的关键就是在液货舱内保持高压或低温，或兼而有之。液化气船与油船不同，油船的货油可直接装在船舱中，而液化气

必须放在一个超级保"冷"库,也就是液化气船的液货舱中。

液货舱有四个作用:一是储存低温甚至超低温、有一定压力的液化气;二是保持液化气的低温,防止过多的冷量向外扩散,或者防止过多的热量传递给液化气,以免液化气过多蒸发;三是有可靠的密封性,以免液化气和蒸发气泄漏,防止超低温液体外漏损伤船体结构;四是承受液罐和液货的重量,并消除热胀冷缩的影响。

目前,液货舱形式主要有独立式液货舱和薄膜型液货舱两种。

独立式液货舱是指装液货的舱(罐)预先独立制作,然后再整体吊装到船上,与船体结构进行连接。独立式液货舱的优点是液货舱制造环境好、独立性强,缺点是船的容积利用率低。

薄膜型液货舱是根据船体货舱的结构形状,在货舱空间内表面敷设绝缘材料和薄膜,优点是容积利用率高,相对建造费用低;缺点是对施工环境和施工人员要求极为严格。

由于独立的全压式液货罐处于常温状态,只要液货罐能承受一定的压力,不需要包覆绝热材料也能安全运输。相比之下,独立的全压式液货罐较简单,所以本节主要介绍半冷半压式液货舱和全冷式薄膜型液货舱。

寒冷的家——液货舱

在专业术语中,液货舱被称为"货物围护系统",是用来围护货物的装置,包括主屏壁、次屏壁及附属的绝热层和屏壁间处所,还包括必须支持这些部件的邻接结构。

因半冷半压式液货舱货液温度为-48摄氏度,乙烯的温度可达-104摄氏度,而液化天然气的温度更是极低,液货舱是这些低温液体的"家"。

耐低温液货舱的材料

液货舱(罐)的制作材料要承受极低的温度,液化石油气船要达-48摄氏度,液化天然气船要低达-163摄氏度。一般的金属材料在低温下的强度和韧性比常温下低得多,且对材料的焊接加工性能也有影响,所以选择用什么材料制作液化气船的液货舱(罐)和做几层舱壁是设计建造的重点。

现在用于半冷半压式液货舱和全冷式薄膜型液货舱的材料主要有不锈钢、9%镍钢、特种铝合金和殷瓦钢。特别要提到的是,殷瓦钢含镍量为36%,它在法国燃气海上运输技术公司No.96薄膜型液货舱中被大量使用,它的特点是热胀冷缩系数几乎为零;在GTT MK Ⅲ型液货舱中采用1.2毫米厚的特种不锈钢,并做成双向波纹形,以此来吸收温差引起的热胀冷缩量。

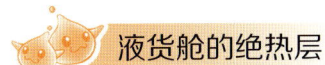
液货舱的绝热层

绝热层是液化气货物围护系统的主

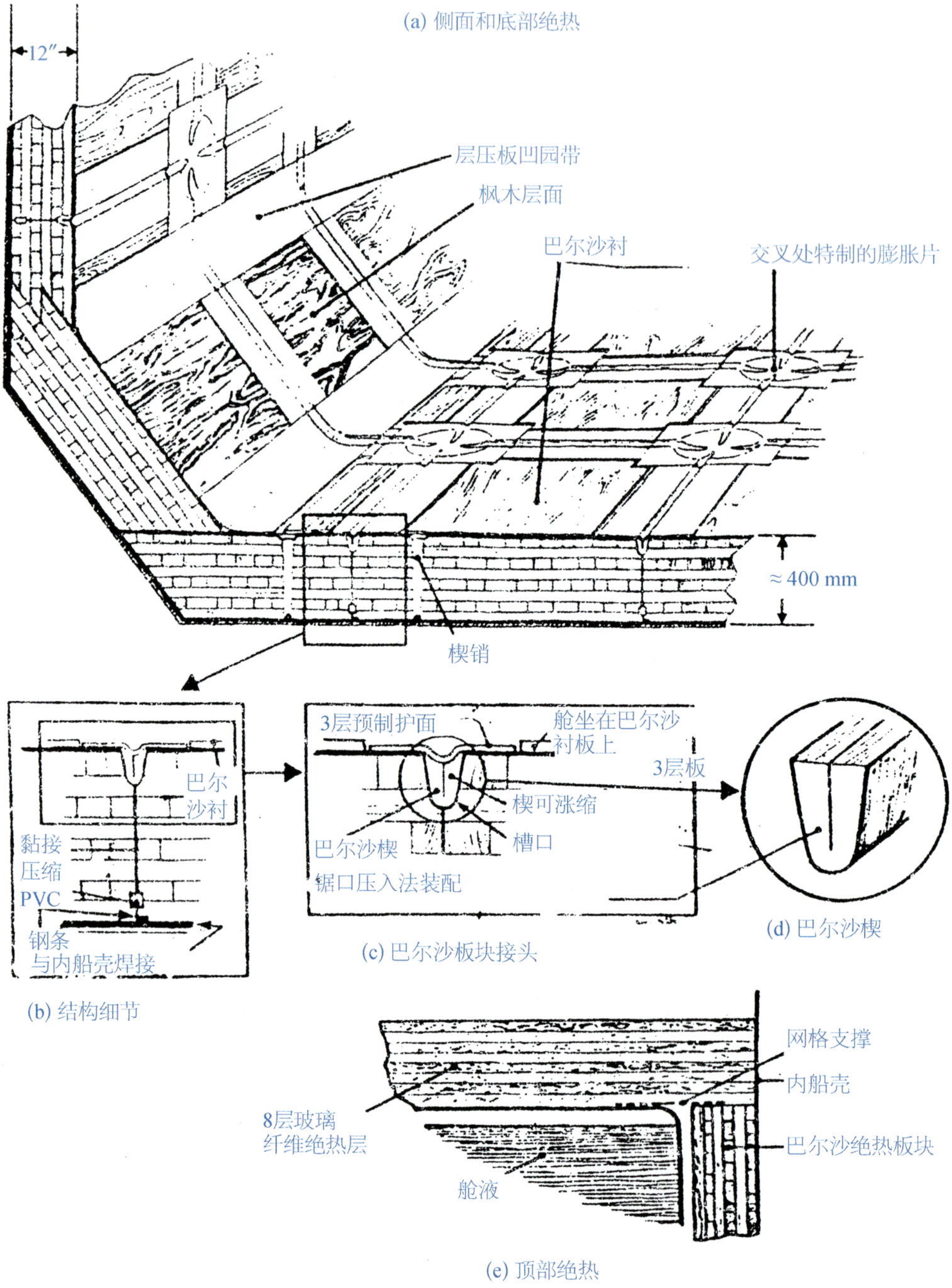

> 图153 早期薄膜型液货舱结构图

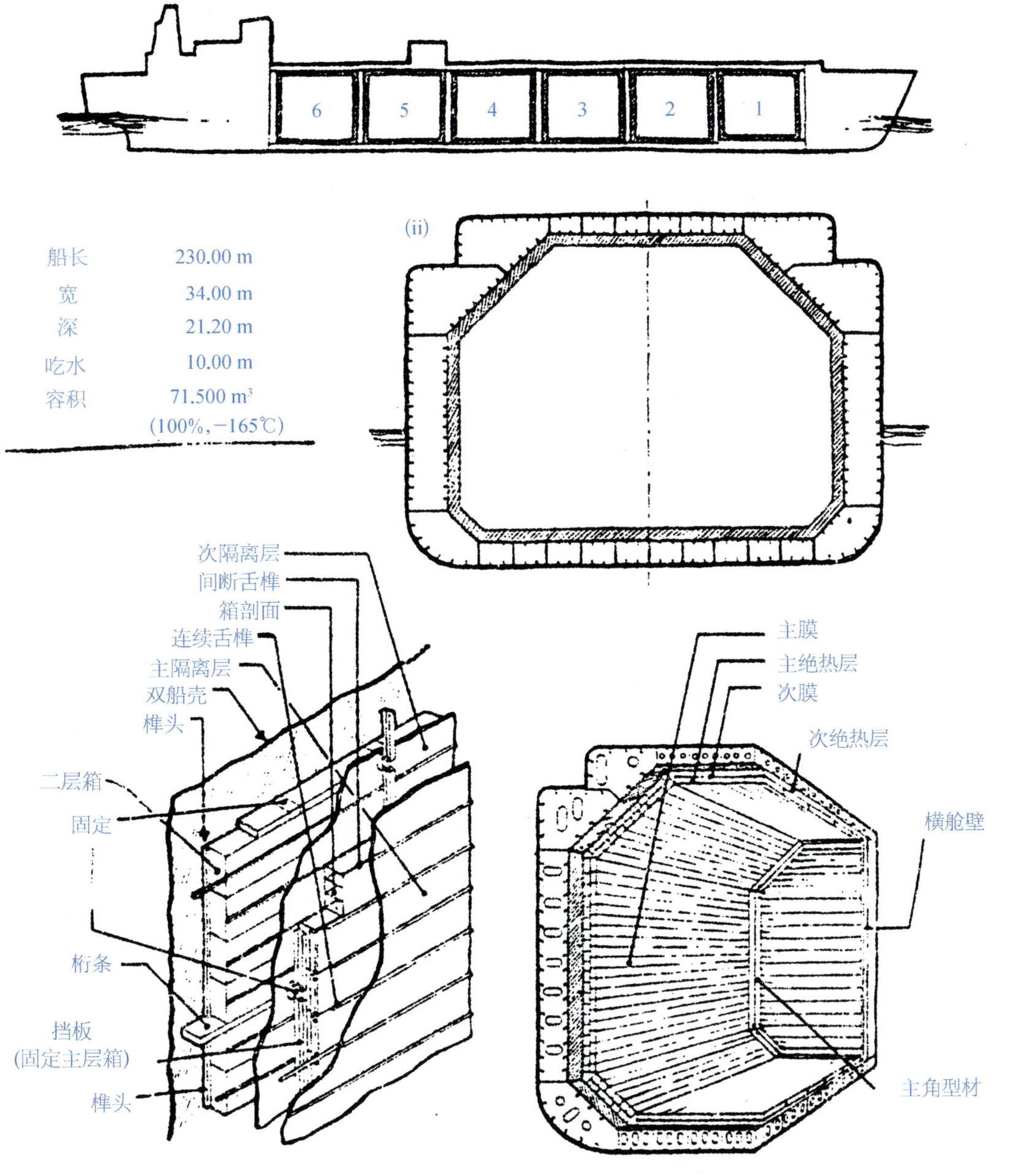

第3章 独门"法宝"和"保护神"——液化气船的独特装置

船长	230.00 m
宽	34.00 m
深	21.20 m
吃水	10.00 m
容积	71,500 m³ (100%,−165℃)

主要标注：次隔离层、间断舌榫、箱剖面、连续舌榫、主隔离层、双船壳、榫头、二层箱、固定、桁条、挡板（固定主层箱）、榫头、主膜、主绝热层、次膜、次绝热层、横舱壁、主角型材

> 图154 "极地阿拉斯加"/"北极东京"号液化天然气船结构图

表4　液货舱材料性能比较

材料	奥氏体不锈钢	镍钢	铝合金	殷瓦钢
类别	304、304L、316、312L	含9%的镍	锰铝合金	含36%的镍，为高镍钢
性能及用途	稳定性好，可用作MK Ⅲ型液货舱	焊接性能好，膨胀系数比奥氏体不锈钢小，也用作MK Ⅲ型液货舱	低温韧性好，价格低，低温时强度好，不易变形，容易加工焊接，主要用于B型球罐	焊接性能好，膨胀系数非常低，是液货舱的基本材料，主要用途为No.96液货舱

要部件，与人穿棉袄加皮大衣是为了保暖不一样，液货舱包覆绝热材料是为了保冷。

绝热材料组成的绝热层主要有以下功能：

（1）控制液化气的蒸发量。

（2）防止冷量外传到船体钢板，产生凝水，造成腐蚀，并防止在船体舱壁上产生过低的温度，使相邻的水舱结冰，造成损坏。

（3）对于薄膜型液货舱绝热材料的结构应能承受液罐自重和液化气的重量。

货物存储保压的"安全法宝"

液货系统在运输过程中，由于船舶摇摆引起液货的晃荡和温差等因素，导致热量输入液货舱内，使部分的液态气体蒸发变成气态，称为蒸发气。

若过多的气体在舱内顶部聚集，会引起货舱压力升高。除全压式液化石油气货舱外，其他形式的液货舱能承受的压力均有一定限制，因此需要对蒸发气采取措施，使舱内压力保持在规定范围内，确保货舱的安全。

由于液化石油气和液化天然气是易燃易爆气体，且是温室气体，所以不能直接

第3章 独门"法宝"和"保护神"——液化气船的独特装置

排放至大气中。因此,常用三件"安全法宝"处理蒸发气:

再液化装置 即将蒸发气多次压缩冷却,温度降低后,再次变成液体。

天然气无害燃烧装置 即直接在船的烟囱顶部进行无害燃烧,使其变成二氧化碳和水,再排放到大气。

船内设备 使用主柴油机、发电柴油机、锅炉等燃烧蒸发气。

再液化装置

液化石油气船和液化天然气船的液货舱都会有蒸发气产生,只是液化石油气船的蒸发气温度较高,相对于环境温差小,蒸发气的量相对少些,再液化也相对容易。

再液化的主要设备就是气体压缩机、冷却器和膨胀阀,由压缩机将蒸发气从液货舱抽出,进行压缩,使其成为"高温"(这里的高温是相对液体温度而言)、高压的气体,出压缩机后进冷却器冷却,有时需要多次压缩、冷却,最后得到压力很高(这里的压力很高也是相对于液货舱内的压力而言)、温度较低的气体,气体在出了冷却器后,压力、温度都会稍下降,再通过节流阀膨胀,压力继续下降、温度变更低(比临界温度还低),使蒸发气又变为和液货舱内压力一样的低温液体,返回相应的液货舱。

液化天然气在大气压下的沸点约为-163摄氏度,所以液化天然气的再液化设备制造的难度很大,它的成本也很高。因此,一般半冷半压式液化石油气船大多配有再液化装置,而在液化天然气船上,考虑到设备的费用和经济效益,只有大型的液化天然气船才配有再液化装置。

从液化石油气船/液化天然气船的再液化装置示意图(图158)看出,液化天然气船比液化石油气船的再液化装置复杂。

> 图155 可以使用天然气的主柴油机

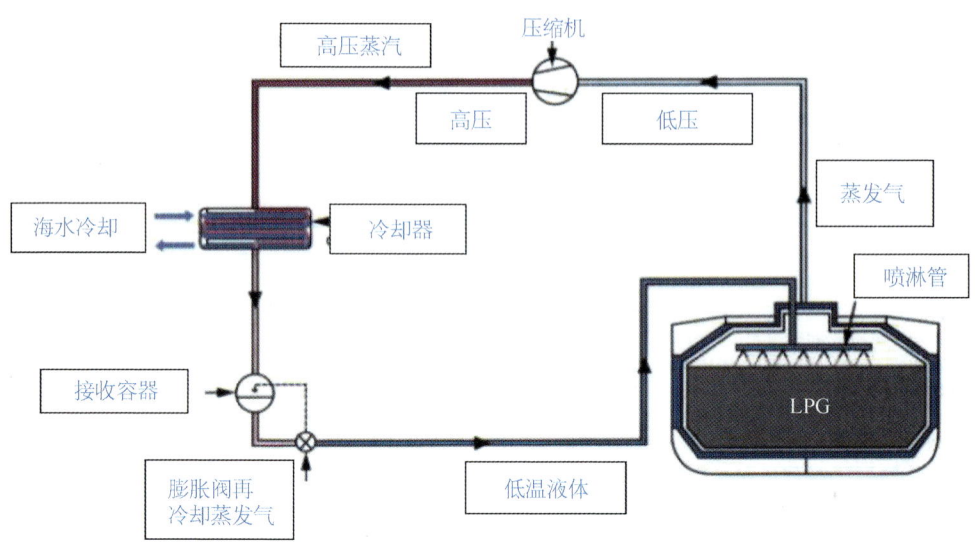

> 图156 液化石油气再液化流程

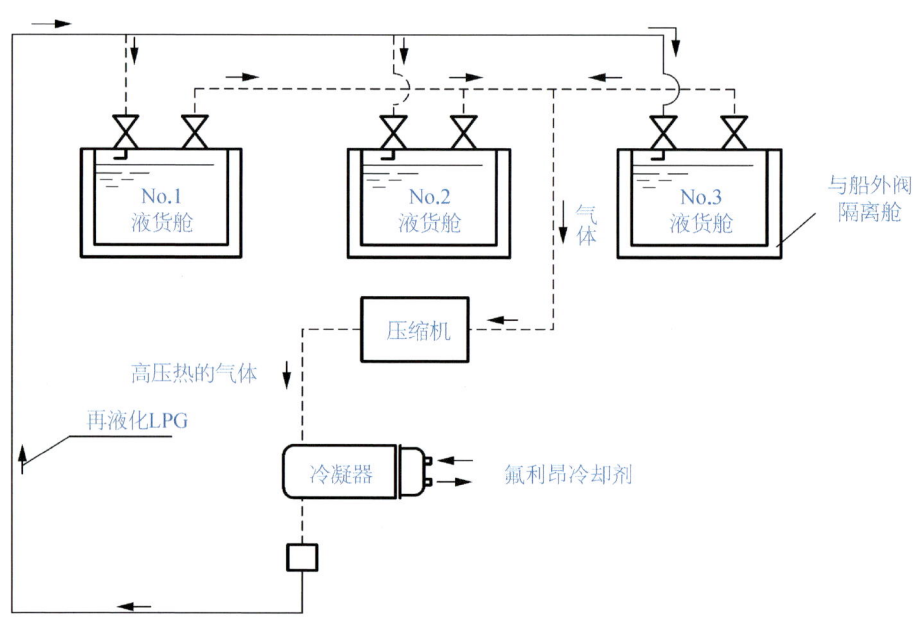

> 图157 液化石油气船的再液化装置示意图

> 图158 液化石油气船/液化天然气船的再液化装置示意图

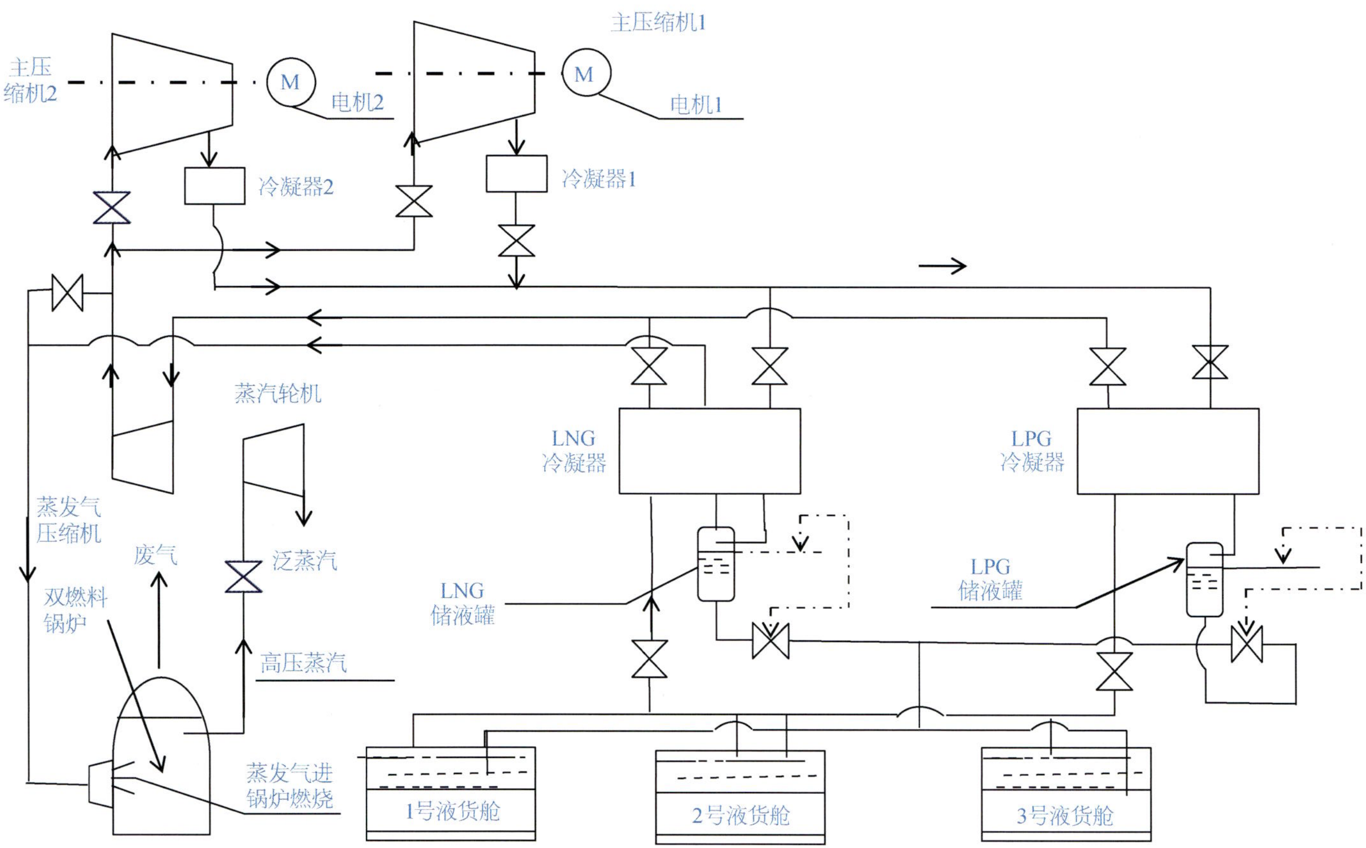

(图中为3个液货舱,右中为2个冷却器,一个适应天然气工况,一个适应石油气工况。左中为一台蒸汽轮机驱动一台气体压缩机,蒸汽轮机的蒸汽由左下方的锅炉产生,而在右中蒸汽轮机驱动压缩机的被压缩的冷却器,还有部分至左上部2个电动压缩机再压缩,升高压力,出来后再膨胀冷却,变成液态,进入储液瓶返回液货舱。一部分供左下方锅炉燃烧,经压缩机压缩后,变成液态,进入储液瓶返回液货舱)

> 图159 组装式再液化装置

再液化装置的压缩机和其他附件组合成了一个模块，因为压缩机工作时可能有液化气泄漏，为了防止电机的火花引起危险，驱动压缩机的电动机采用了防爆电机。也有一种压缩机和驱动电机分开的再液化装置，电机可采用一般电动机，它与压缩机用连接短轴联接，置于2个舱室中，通过联接轴的舱壁上要安装气体密封装置。驱动电机必须置于一个可防止外部危险气体进入的单独的舱室中，这种装置就称为散装式再液化装置。

> 图160 散装式再液化装置

第3章 独门"法宝"和"保护神"——液化气船的独特装置

蒸发气无害燃烧装置

蒸发气燃烧装置（GCU）是一个无害燃烧蒸发气的新设备。对于液化天然气船，在既无液化装置，也没有锅炉或柴油机来燃用全部蒸发气的情况下，GCU就是一个必需的设备。

液化天然气船在运输过程中会产生大量的蒸发气，较高的蒸发气压力就会造成液货舱安全阀的释放或液货舱薄弱部位结构的破裂，造成事故，这一问题一直是液化天然气船制造中的一大难题。

GCU是为避免液货舱因蒸发气累积，压力超过允许值而不得已采取的措施。GCU的尺寸很大，装于船的烟囱内，它用压缩机将蒸发气从液货舱上部抽出，以一定的压力进入GCU燃烧。一艘17万立方米的液化天然气船，GCU的直径可达6米，高度可达近20米。

蒸发气燃烧装置的能力，不但要考虑机舱设备正常航行时液货舱内产生的多余的蒸发气量，还应考虑船舶进出港、靠码头、停航的工况下，机舱燃烧蒸发气的设备（如双燃料柴油机）减负载工作或不工作时，蒸发气的量比正常航行时要多很多的情况。

变废为宝的推进系统

液化天然气船液货舱上部有蒸发气，这部分量相当可观。最早的蒸发率达到每天总容量的0.33%，改进后为0.15%。一艘172 000立方米的液化天然气船，考虑满载装载量≤98%，液货在-163摄氏度时的比重为0.424吨/立方米，按蒸发率0.15%计算，

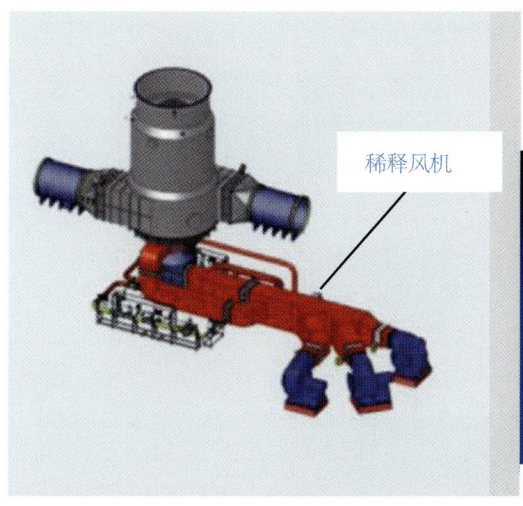

> 图161　GCU燃烧装置

每天的蒸发量将达252.84立方米（液体），它的发热量相当于137吨柴油。因此，如何降低蒸发量是近年来一直关注的焦点。

燃烧液化天然气蒸发气的推进系统是利用蒸发气的化学能，变废为宝，解决蒸发气在液货舱内累积的重要措施。而且液化天然气较石油燃烧后产生的污染气体更少，更绿色环保，是提高液化天然气运输经济性的最佳选择。

前一时期的做法大多是将蒸发气引入机舱锅炉燃烧产生蒸汽，驱动蒸汽透平，通过减速齿轮箱带动船舶推进器。现在的推进系统蒸发气可直接进入柴油机燃烧做功，这是液化天然气船动力推进系统的新特点，现在许多液化天然气动力船也采用这种方式。

蒸汽透平动力装置

将液化天然气蒸发气引入锅炉作燃料，产生蒸汽推进蒸汽轮机来驱动螺旋桨，推动船舶航行，是一段时期中处理利用液化天然气蒸发气的常用方式。但蒸汽轮机的效率较低，长期以来只是在液化天然气船这样一些特殊的船上，用于处理多余的蒸发气。

最早时期，蒸发气也作为往复式蒸汽机的动力源，如第一艘液化天然气船（"甲烷先锋"号）的推进装置就采用了一台三胀式（三个往复气缸）蒸汽机，输出功率为1 287瓦，但蒸汽机的效率比蒸汽轮机更低，所以现已淘汰。

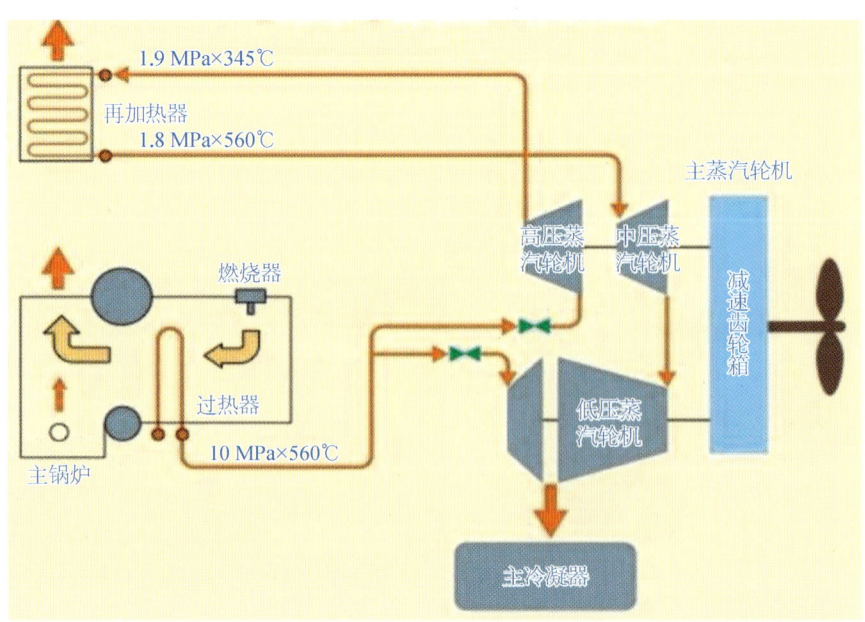

> 图162 蒸汽轮机装置

第3章 独门"法宝"和"保护神"——液化气船的独特装置

双燃料柴油机

双燃料柴油机是既可燃烧常规的燃料（如重油和柴油），又可燃烧天然气的柴油机。因柴油机的效率比蒸汽轮机装置高，在45%以上，最高的二冲程低速柴油机效率已突破50%，所以若柴油机能燃烧液化气的蒸发气，既可解决多余液化天然气蒸发气的问题，又可提高推进机械的效率，提高船舶的经济性。

现在大型液化天然气船大多采用了双燃料柴油机，还采用了低速柴油机加再液化装置的配置，这种装置既功率高，又可以将全部蒸发气液化，使货主可以得到加注进液货舱的全部液化气。

通常，双燃料柴油机分高压和低压两种形式。

> 图163 高压燃气双燃料柴油机

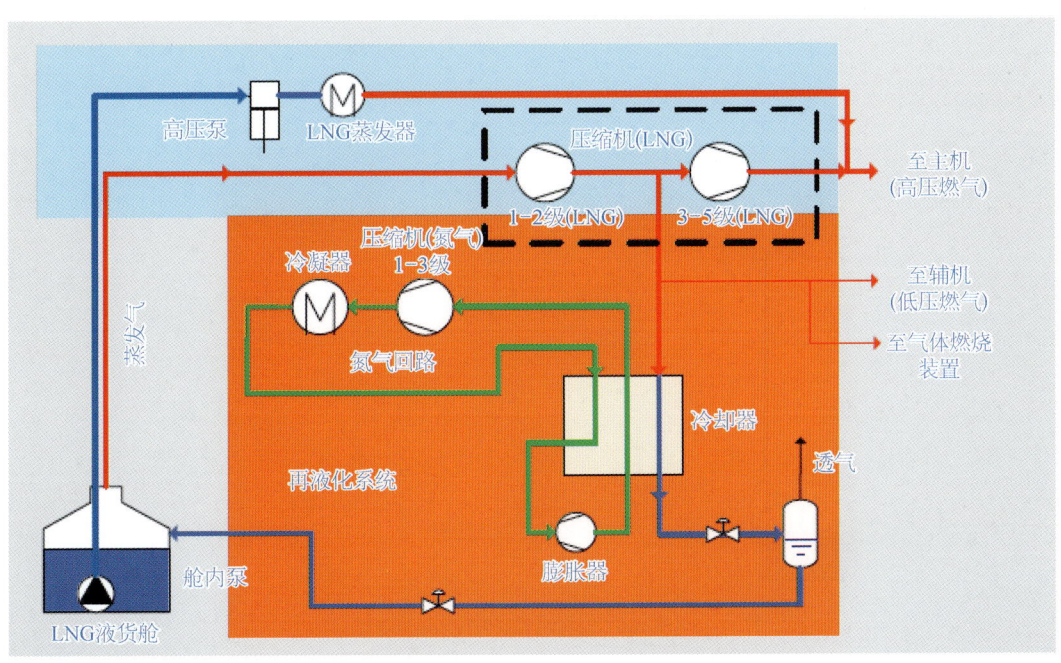

> 图164 高压燃气双燃料柴油机原理

> 图165　低压燃气双燃料柴油机

来，称自然蒸发气。另一路是在蒸发气不足的情况下，通过小型液货泵将少量液化气从液货舱底部泵出，经高压泵、液化天然气蒸发器加热蒸发而来。

当推进主机（在船上一般将推进船舶前进的发动机称为主机）不燃烧蒸发气时，在经过第一台压缩机后，蒸发气进入再液化装置，用液氮进行冷却，液化后返回液货舱。

低压燃气双燃料柴油机在燃气模式下要喷射约1%能量的柴油，在柴油模式下可燃用重油（黏度很高的价格便宜的劣质油）；蒸发气喷入柴油机的增压空气管，燃气的喷入压力比高压燃气双燃料柴油机的燃气喷入压力低很多，所以称为低压燃气双燃料柴油机。这类柴油机在柴油模式下的工作原理与常规柴油机相同。

高压燃气双燃料柴油机中，供柴油机的高压燃气来自两路，一路是蒸发气自液货舱顶部抽出经2台压缩机串联压缩后而

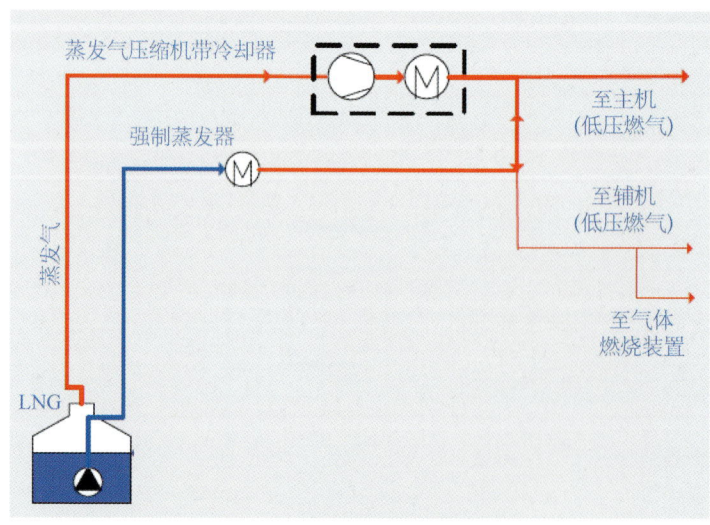

> 图166　低压燃气双燃料柴油机原理

（液货舱的蒸发气经过一个气体压缩机和一个冷却器，至主机燃烧。该装置也配一套强制蒸发气设备和管路，但管路中设有小型高压液货泵）

第3章 独门"法宝"和"保护神"——液化气船的独特装置

 纯气体机

纯燃气发动机仅以天然气为燃料，天然气在气缸内由火花塞点火，无须额外的燃油系统和燃油处理设备。相对双燃料机来说，该类型发动机的结构简单、制造成本低、供气压力低、对燃气品质不敏感，一般作发电机使用。缺点是功率小，难以在大型船舶上应用。

 燃烧蒸发气柴油机的系统和燃气阀单元

对于液化气船，双燃料柴油机的燃气来源有两个：一个来自液货舱顶部的蒸发气，另一个是液货舱下部的液化气，通过泵出后强制蒸发变成的蒸发气。至主机的两路蒸发气先进入燃气阀单元，它有一定的调节功能，然后进入主机上的燃气总管。

双燃料柴油机前的燃气阀单元（GVU）是一个封闭的容器，以防蒸发气泄漏到机舱内。自燃气阀单元出来的燃气，经双层管进入柴油机上的燃气总管。

燃气阀单元具有下列功能：

（1）阀件动作程序控制（燃气泄漏自检，安保关断，透气，惰性气体吹扫）。

（2）排气管通风控制。

（3）程序监测和就地显示。

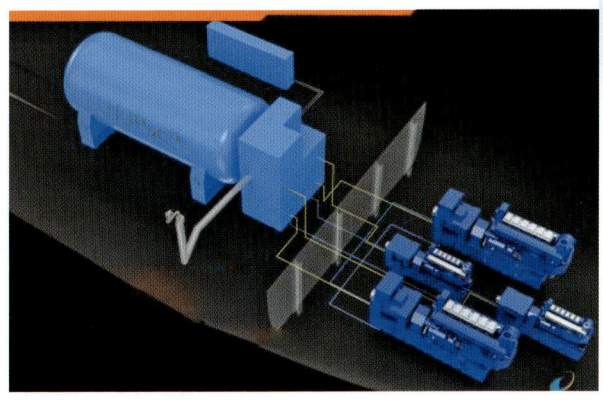

> 图167 双燃料柴油机燃气系统示意图

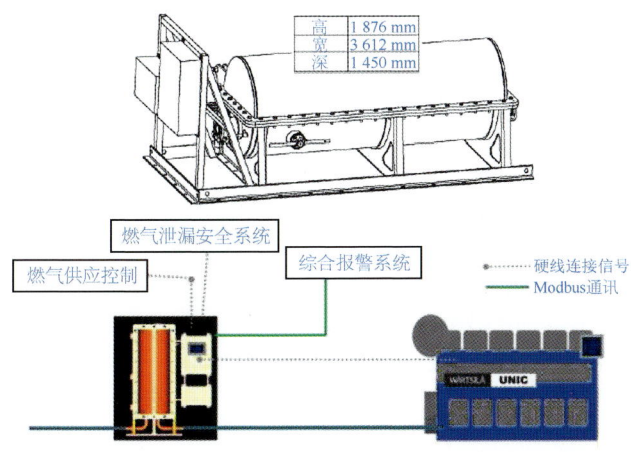

> 图168 燃气阀单元

（4）至发动机的硬线界面，用于燃气供应和泄漏检测系统。

（5）Modbus TCP数据通信界面，至船上的综合报警系统（ISA）。

烧气柴油机的特种结构

不管是双燃料柴油机，还是单纯燃气柴油机，因为需要燃烧蒸发气，所以与常规柴油机有不同的结构。对双燃料柴油机来说，除了配有燃烧柴油和重油的装置，还需要一套燃气的装置。

双燃料发动机燃气系统示意图中，左边为常规柴油机储气的高压燃油泵、高压燃油管等，右边就是双燃料柴油机特有的燃气进气总管、波纹管膨胀接头、气缸盖

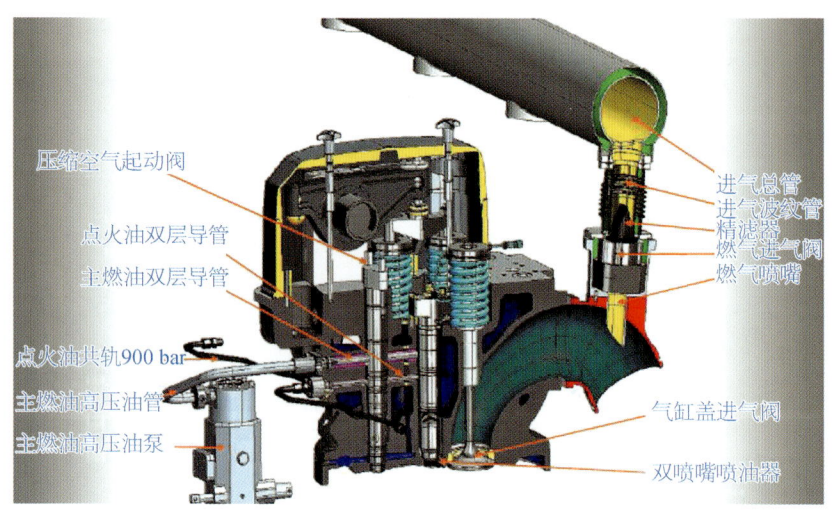

> 图169 双燃料发动机燃气系统示意图

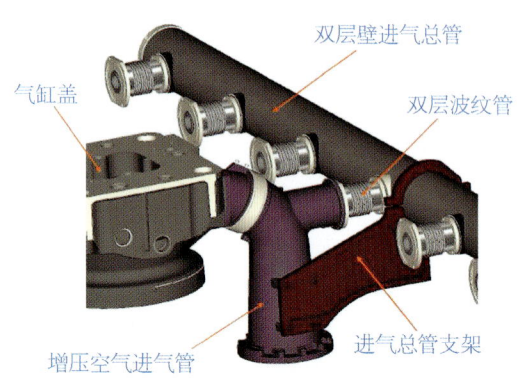

> 图170 双燃料发动机系统缸头连接结构

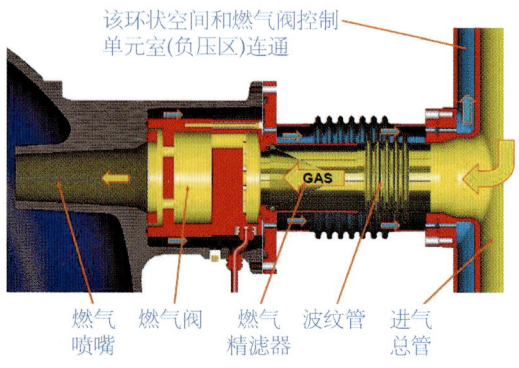

> 图171 双层壁燃气管路

进气阀和双喷嘴喷油器等,用于接收燃气阀单元来的蒸发气。

整个系统的燃气管由外部进入机舱后,到达燃气阀单元,再从燃气阀单元到达燃气进气总管,最后到汽缸盖。整个管路都需要双层套管是为了防止燃气泄漏到机舱中引起火灾。双层套管就是在流通燃气的小管子外面再套一个大管子,如有燃气泄漏,燃气就进入两个管子中间的夹层,不会进入机舱。科研人员还在夹层中安装了燃气探测器,可以及时发现燃气是否泄漏。同时,对夹层进行通风,用抽风机将夹层的气体抽到机舱外的安全地方。

防火、灭火神器

液化石油气和液化天然气都是易燃易爆的气体,十分危险。我们在加油站给汽车加油时,不允许使用任何会产生明火的设备,甚至连手机也不允许使用,这主要是为预防起火爆炸。那么液化气船,特别液化天然气船在加注、运输及卸载过程中,液化气设备和管路也可能有渗漏,导致可燃气体弥漫在周围空气中,如遇明火或电火花,就很容易引起火灾,甚至发生爆炸,为此在液化气船上采取了多种与其他船舶不同的防火、灭火措施。

液化气船上的液化石油气和液化天然气可能存在的区域称为危险区,并把危险气体持续或长期存在的区域,如液货舱(罐)、液货舱与污油水舱的压力真空管系,以及透气系统等称为最危险区域——0类危险区;把正常操作运行时可能出现爆炸性气体的区域,如紧邻液货舱(罐)的空间、再液化装置的液化气压缩机室等,称为1类危险区;把正常操作运行时不太可能出现爆炸性气体的区域,或即使出现也只有短时间存在的区域,称为2类危险区。

设置三类危险区的根本目的是杜绝危险气体从危险级别高的区域进入级别低的区域,如生活居住区的门窗不能正对危险区域,且要离开危险区域一定距离;防止危险气体进入允许有明火作业或有电火花产生的区域,如机舱、船员居住区域;在危险区域严禁烟火,机械、电气设备不能产生电火花等。在液化气船加注或航行时,需防止其他船只或危险物品进入离加

> 图172　船舶加注液化气时的危险区范围

注口25米范围的危险区域。

对于这些可能存在危险气体的危险区域，需要有相应的安全防范措施。当然，还需要有消防系统——探火和灭火设备。

探火设施——探火报警系统和灭火方法

探火报警系统是设置一系列不同种类的传感器，如感温、感烟（光）的探头。探测火灾发生，一个地区要设两种不同形式的探头。

现在的探头还设有地址信号，一旦失火，失火的舱室位置信息也就进入系统，传至消防控制室和驾驶台，驾驶台就可立即启动火灾报警信号，通知船员按平时的职责进行灭火操作，也可由发现者通过手动报警按钮发出报警信号，在这一过程中迅速及时报警是第一要点，不管发现者本身是否有能力将火情消除，首先应该报告火情，发出警报，然后就近获取工具控制火势，直至救援人员到达协同灭火。当警报拉响后，应立即停止所有作业，关闭失火区的通风系统，停止货物运转和关闭货物管线上的阀门，并用水冷却失火区周围甲板、舱室、货物设备等。

第3章 独门"法宝"和"保护神"——液化气船的独特装置

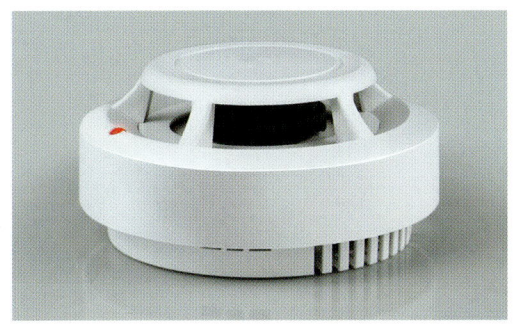

> 图173 消防烟感传感器

当管路上发生火灾时，首先必须切断气源，否则火虽扑灭，但继续泄漏的液化气仍可能与空气混合形成爆炸性气体而再次被点燃，甚至引发灾难性爆炸。在人员无法靠近阀门时，需先用干粉扑灭，再关闭阀门。对无法切断气源的，只能让其继续燃烧，烧完了就自动熄灭，但此时要用冷却水保护周围区域，避免辐射热和火焰烧烤产生的破坏。对管道阀门、安全阀排气管及其他设备泄漏着火，最有效的灭火剂是化学干粉灭火剂。

当液货舱发生火灾时，首先的措施是冷却，利用船上货物区域的固定消防喷淋系统和消防龙头冷却燃烧的液货舱（货罐）和周围相邻液货舱，并持续进行冷却，把火势控制在一定范围之内。若无法切断气源，就不能让火熄灭，应让其稳定燃烧直至烧尽。

 **特种灭火系统**

除设置有效的探火灭火系统以外，液化气船上还设置特种灭火系统。

干粉灭火系统

干粉是一种磷酸铵盐化学品，白色粉末状固体，它干燥且易流动，将它喷入着火区，在燃烧过程中产生化学抑止物质和负催化作用的物质，如水蒸气、二氧化碳或氦气都是抑止火灾的灭火剂，可以使燃烧过程中断而灭火；另一种功能是干粉落在可燃物表面，在高温下会形成一层玻璃状覆盖物层，从而隔离氧气进行灭火。

干粉的储量按需灭火，每单位面积的灭火剂需要量及所需的灭火时间进行计算。

干粉灭火剂由干粉炮和干粉枪施放，干粉炮处于适当高的位置，其射程能覆盖所需保护的区域。干粉枪可接皮带，人员持枪进行灭火，一般用于打通灭火通道和局部灭火用。

> 图174 干粉储存罐

水消防和水喷淋冷却系统

自古以来,克制火的方法就是用水。对于一般可燃物的燃烧,水是比较有效的,而且船舶本身就在大海中,用海水灭火,可谓取之不尽,且还不污染环境,因此水消防是船上必备的灭火方式。甲板上消防水龙头是必备的灭火设备,由船上的消防泵供水变成水雾进行喷洒,灭火的效果将会更好。

液化气船上应设有专用的水喷淋水泵和管系。

对液化气总管区域、液货管的外露部分,可进行水喷淋,起到降温和保护的作用。

在居住舱室,也就是与液货舱交界处的上层建筑前方,需设置水幕保护,用专用水喷淋泵供水,用多个特种喷嘴喷射形成水幕。

水幕喷头喷出的水滴正面看是扇形,俯视是一条带状,几个喷头联合起来,就

> 图175 水龙带箱及消防水龙带

> 图176 喷淋头与试验实景

第3章 独门"法宝"和"保护神"——液化气船的独特装置

把几个扇形组合起来形成一块幕状水帘，船的居住舱室如较高，可以布置几层，组成从上到下连续的水幕，防止货舱区的火势和热量蔓延到人员居住的区域。

> 图177 水喷淋喷头效果图

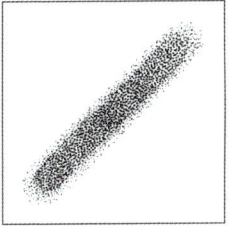

> 图178 单个水幕喷淋头及效果

> 图179 喷淋试验

第4章
我国液化石油气船建造的快速崛起

液化气船

中国既是能源需求大国,也是能源分布不平均的国家。随着我国经济快速发展,能源结构矛盾日益突出,能源缺口日益扩大,国家在推行"西气东输""北气南下"的基础上,从海外引气,实现海气登陆是确保中国能源安全的发展战略。而自主建造液化石油气船,将使我国整个液化石油气运输和引进环节更加安全可靠,符合国家能源发展战略的需求。

尽管我国开展液化气船的设计和建造较晚,但在整个船舶行业的共同努力下,1991年,我国的第一艘液化石油气船——3 000立方米"华粤"号成功交付使用。从此,中国进入了液化石油气船建造快速崛起的阶段!

> 图180 我国船厂制造的液化天然气船

第4章 我国液化石油气船建造的快速崛起

引进液化石油气船

20世纪80年代,广东省蛇口工业区开始发展,对液化石油气的需求量逐年增长,以致气源紧张,价格上升,从广州运回的石油气已远远满足不了工业区的需要。为了给工业区创造一个良好的投资环境,蛇口工业区于1987年从日本引进了2艘1 500立方米液化石油气船——"安龙"号和"泰龙"号。

1988年6月,珠海市煤气公司等单位又从日本引进了"海通"号、"泰安"号、"泰华"号、"银龙"号,使我国进一步了解了液化气船。

> 图181 "海通"号液化石油气船

自主设计建造液化石油气船

20世纪80年代,为通过海上"北气南运"解决广东省民用燃气短缺的问题,广东省相关部门提出了设计建造3 000立方米全压式液化石油气船工程项目。

3 000立方米液化石油气船于1989年10月在江南造船厂开始建造,液化气设备全套系统采用国外专利设计,船名为"华粤"号。

从开建到正式营运仅用了不到2年时间,该船可运输丙烷、丁烷、丙烷和丁烷混合物、丙烯、丁烯混合物。每次可装运1 500～1 600吨液化石油气,可供10万户家庭一月之需,并且该船液货罐设计温度较国外同类型船的低,适宜冬季到我国北方港口装运。

3 000立方米液化石油气船"华粤"号是我国自行设计和建造的第一艘液化石油气船,该船建成后为广东石油化工燃料供销公司和当地民用气的发展开辟出新的道路。因此,无论是对国家,还是对整个造船业,都具有重要的经济价值和战略意义。

在建成我国第一艘3 000立方米全压式液化石油气船后,我国造船厂又先后建造了2艘4 200立方米半压半冷式液化石油气船。这2艘船的建造成功,标志着我国在液化气船建造技术方面取得了突破性进展,为我国建造液化气船和薄膜型液化气罐技术奠定了基础。

> 图182 "华粤"号液化石油气船

第4章　我国液化石油气船建造的快速崛起

攻克最大容积液罐多项难关

16 500 立方米液化石油气船是我国建造的第三型液化石油气船，总长约155米、型宽23.1米、型深15.4米、最大吃水9.8米。该型船为半冷半压式液化石油气船，可装氯乙烯单体、丙烷、丁烷等19种液化石油气和部分化学品。该船配有2个5 700立方米的双联圆角形液罐和一个5 100立方米双联圆锥形液罐，3个液罐可各自装运一种货品，该船每航次能同时装运三种不同密度的货品。

该船液货系统采用国外技术，其液罐容量和外形尺寸是当时世界上最大的半冷半压式液罐，对国外公司来说是第一次设计，所以船厂要将这么大的液罐装到船的货舱中，将面临一系列前所未有的难题。

下水强度关　因液罐长约31米、宽约20.4米、重530吨，船台旁的吊机没有这么大的起吊装能力将液罐吊进货舱，只有下水后靠浮吊吊装。所以货舱的上甲板必须留有与液罐长度和宽度相当的开口，3个液货罐的开口长度占全船长度的66%、宽度占船宽的88%，整个上甲板几乎处于无甲板状态。因此，船体结构薄弱，在船舶下水时极易发生危险，故船厂采用了新工艺和特殊的加强措施来解决这一问题。

> 图183　16 500立方米液化石油气船

船舶下水后液罐的吊装问题 由于液罐的最大重量是530吨,起吊时液化气船靠泊在码头边,要将码头上的液罐吊进液化气船的货舱中,一要浮吊的吊臂足够长,二要起重能力大于液罐的最大重量。而当时黄浦江上现有的浮吊只有2 500吨的"大力士"号和额定起吊重量500吨的"向阳红四"号。

"大力士"号起吊能力足够,但吊臂长度不够,用它来起吊,要找一个备用驳船,先将液罐吊至驳船,再从驳船转吊到液化气船货舱内,这种办法既费时,又不经济,还存在一定风险。"向阳红四"号吊臂长度够,但起吊530吨要通过调整吊臂的倾斜度来修正吊机的起吊能力。

船厂攻关组用压铁作重物进行试验,确认了在跨距28米的情况下,"向阳红四"号起吊能力可达550吨。采用"向阳红四"号吊装,既省时又经济,节约了租浮吊费用100多万元。

在液化气系统设备安装调整过程中,攻关组先后完成了密性试验、再液化压缩机安装和液压气各系统调试。

在再液化压缩机安装中,不仅对压缩机的底脚同基座的误差要求在规定的范围内,而且对压缩机同驱动电机联接的通舱件提出了更严格的要求,要确保压缩机室可能产生的可燃气不会泄漏到电机室。所以要求在压缩机已经定位的基础上,利用假轴检查跳动误差,在允许误差范围内来调节电机的位置,要求最大允许偏差不超过0.05毫米,比一根头发丝还细。

建造多型先进液化石油气船

自1991年第一条3 000立方米液化石油气船交付使用以来,我国液化石油气船建造的脚步明显加快,先后为国内外船东设计和建造了多型以运输丙烷、丁烷、丙烯、丁烯或这些气体混合物的液化石油气船,如6 500立方米"雁顺"号、2 000立方米"海芝"号等,为德国船东建造了2艘16 500立方米液化石油气船,取名为"Johann Schulte"号和"Wilhelm Schulte"号,展示了中国液化石油气船的建造能力。

21世纪以来,全球液化石油气船基本

第4章 我国液化石油气船建造的快速崛起

> 图184 2 000立方米液化石油气船"海芝"号

由中国、日本、韩国三国建造,日本、韩国船厂在液化石油气船,尤其是高技术难度、高建造难度的超大型全冷式液化石油气船(简称"VLGC")方面建造业绩显著,中国船厂近年来也陆续突破液化石油气船建造技术瓶颈。

2015年1月,上海江南长兴重工向国外船东成功交付多艘8.3万立方米超大型全冷式液化石油气船,标志着中国船厂正式跻身超大型全冷式液化石油气船建造这

  小 贴 士

吊机的跨距、吊高和起重能力

  吊机通过吊臂上的吊钩来吊运重物。吊钩离地面高度称为"吊高"。吊钩的中心至吊机旋转中心的水平距离称为"跨距"。

  吊臂可以上下改变倾斜度,所以吊机的跨距、吊高和起吊能力会发生变化。倾斜度越大,吊钩越低,吊机起重能力下降,但可吊的距离就会越大。

> 图185　6 500立方米液化石油气船"雁顺"号

一高端领域，打破了外国在该船型领域的技术封锁和长期垄断。

据不完全统计，自1991年以来，我国已有十几个船厂建造过液化石油气船，建造的液化石油气船已达到数十艘，不仅数量多，而且品种齐全多样，涵盖了全压式、半冷半压式、全冷式等所有石油气运输和存储方式，说明我国已完全掌握液化石油气船建造技术并处于世界领先水平。

在这些已建造的液化石油气船中比较有代表性的有：2.2万立方米半冷半压式乙烯（LEG）船、3.8万立方米乙烯/乙烷船、3.75万立方米乙烯船、3.6万立方米乙烯船、4 700立方米乙烯船和8.3万立方米超大型全冷式液化石油气船。

第4章 我国液化石油气船建造的快速崛起

2.2万立方米半冷半压式乙烯船

2.2万立方米半冷半压式乙烯船是当时世界最大吨位的半冷半压式液化气船，船名是"航海人火星"。它适宜载运乙烯、氯乙烯单体、无水氨（阿摩尼亚）、丙烷、丁烷、丙烯、丁烯、丁二烯、丙烷/丁烷混合物、环氧乙烷/氧化丙烯混合物等10多种液化石油气和少量化学品。

> 图186　2.2万立方米半冷半压式乙烯船

3.8万立方米乙烯/乙烷船

该船是当时全球最大的乙烯/乙烷船,创造了三个全球第一:

装载乙烯/乙烷的容积全球第一;

全球第一个配备了三瓣C型独立式液货罐的液化气船,相比同尺寸的传统船舶,增加了30%的装载能力;

该船配置的低速主机可以使用乙烷、天然气和传统柴油三种燃料,既满足环保要求,又兼顾了船舶的经济性。

此外,该船高效的船体线型设计和新型舵桨系统配备,大大降低了燃油消耗,使该船具备杰出的节能环保性能。

> 图187 3.8万立方米乙烯/乙烷船

第4章　我国液化石油气船建造的快速崛起

 3.75万立方米乙烯船

3.75万立方米乙烯船是一艘绿色节能特点十分突出的船舶。

第一，船型采用了我国专利的艏部VS-BOW线型设计，减小了阻力，降低了燃油消耗。

第二，动力系统采用节能环保的MAN B&W双燃料主机和发电机，可满足最严苛的硫氧化物排放要求。

第三，货物围护系统采用3个C型双耳形液货罐、设计温度为−104摄氏度，属于全冷式液化石油气船。它的单个液货罐重达1 100吨，甲板上有两个1 150立方米的液化天然气甲板燃料罐、设计温度为−163摄氏度，既可作为燃料罐，又可作为货罐。

> 图188　3.75万立方米乙烯船

液化气船

 3.6万立方米乙烯船

3.6万立方米乙烯船设置了3个主罐和2个竖燃料罐，燃料罐每个800立方米，供驱动主机用。

该船主罐采用的C型独立式液货罐，呈星形三体状，罐体采用5%镍钢，可耐受温度达-104摄氏度。采用这种设计的液货罐，比相同尺度的船舶增加30%的装载能力。

4 700立方米乙烯船

4 700立方米乙烯船是一艘多用途液化气船，可用于装载乙烯等液化气体。该船采用双燃料动力清洁能源，非常节能环保。

> 图189　星形三体状C型液罐

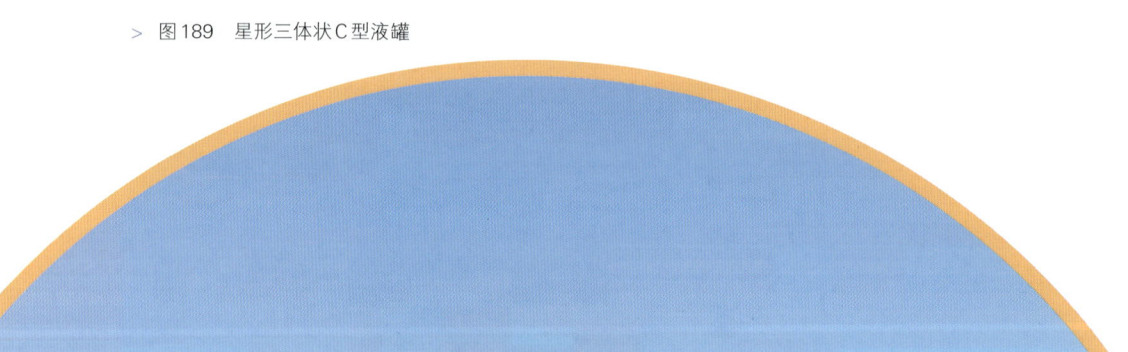

> 图190　3.6万立方米乙烯船

> 图191　4 700立方米乙烯船

国内第一条超大型VLGC 8.3万立方米液化石油气船

8.3万立方米液化石油气船总长226米、宽36.6米、型深22.6米，全船设4个液货舱。该船为绿色环保型，在同等海况、航速的情况下，能耗指标比同时期国外的VLGC低5%以上。在货物围护系统方面采用菱形A型液货舱，舱容利用率高。它采用三级压缩的液货制冷系统，大幅度提高了单位时间内的制冷效果，并可降低船舶能源消耗。

2014年10月，国内造船厂还承接了一艘欧洲船东8.4万立方米VLGC，这是中国造船企业首次获得欧洲的主流液化气船订单，标志着中国造船工业进入了主流超大型液化气船市场。

> 图192 8.3万立方米超大型液化石油气船

第4章 我国液化石油气船建造的快速崛起

第 5 章
我国液化天然气船的诞生与发展

液化气船

2008年4月3日,这是一个中国造船人永远铭记的日子!在汽笛长鸣声中,一艘293米长的黑色巨龙缓缓驶离沪东中华船厂的5号码头,我国第一艘自主建造的14.7万立方米大型液化天然气船"大鹏昊"号正式交船。

中国造船人凭借十年磨一"舰"的精神,经过多年的潜心钻研和长期不懈的自主创新,终于攻克了特殊超低温液货围护系统、耐超低温液货驳运系统和特殊动力控制系统三大技术难关,自主研制了绝热箱、殷瓦部件和泵塔三大核心部件。

"大鹏昊"号的诞生是我国船舶工业向尖端产品领域进军的一座重要里程碑,对保障和推动我国能源战略的实施具有重要意义。在成功建造我国第一艘超大型液化天然气船后,中国造船人再接再厉,建造了一批高质量、有影响力的液化天然气船,向世界展示了一张张闪亮的"中国名片"。

> 图193 "大鹏昊"号液化天然气船在航行中

第5章　我国液化天然气船的诞生与发展

147

全力备战液化天然气船

20世纪90年代，中国已是继日本、韩国之后的世界第三大造船国家。在实现液化石油气船自主建造后，又不断克服一个个难题，突破一个个技术难关，终于取得了液化天然气船的研制成功。

1999年12月，广东液化天然气试点工程一期工程立项，中国第一个进口液化天然气的试点项目正式启动。该项目一期规划年进口液化天然气300万吨，由澳大利亚威斯内尔湾丹皮尔港进口气源，运输至广东深圳大鹏湾，于2006年建成投产。

进口液化天然气300万吨需要大型液

> 图194　广东深圳大鹏湾接收站

> 图195 广东深圳大鹏湾液化天然气储气罐

化天然气船（13.5万立方米）2～4艘，如果扩建到年进口液化天然气600万吨，则需要4～8艘。

面对机遇，中国船舶行业的许多实力雄厚的大型船厂积极备战，跃跃欲试，开始向代表造船技术最高水平和难度的液化天然气船发起冲锋。

然而，冲锋容易，胜利不易！沪东中华造船厂通过与具有建造液化天然气船舶经验的国外船厂合作设计，并引进No.96薄膜型液货舱围护系统专利技术，逐步掌握了液化天然气船的建造关键技术。

攻克三大特殊核心部件

液化天然气船中No.96薄膜型与其他船舶的不同之处，在于其有三大特殊的核心部件——绝热箱、殷瓦部件和泵塔。这三大部件的制造难点主要体现在：

工程量大 如一艘14.7万立方米液化天然气船需要5.5万只绝热箱，约6万根殷瓦管。

制造技术难度高 如国外一著名造船企业曾经在建造液化天然气船时自主建造泵塔失败，导致建造周期拖期半年。

中国造船人初次建造液化天然气船，对这三大部件是陌生的，但是要造好液化天然气船，确保三大部件的按时优质配套非常重要，如果不能自力更生建立自己的液化天然气船核心部件配套体系，不仅使生产成本大幅上升，还会出现生产周期受制于人的困境。

通过新建殷瓦管制造车间、引进绝热箱流水线等相关先进设备和技术，我国拉开了攻克三大核心部件自主建造的序幕。

当今世界精度最高的箱子

液化天然气船装载的是-163摄氏度的液化天然气，而绝热箱是保证液货舱内超低温液化天然气温度稳定，蒸发率在规定以内的关键部件。如果把液货舱比作保温瓶，那么绝热箱和殷瓦钢板共同组成了保温瓶的内胆。

殷瓦钢板的厚度仅0.7毫米，可想而知，它是不能承受载荷的。而一艘20万立方米的液化天然气船，液货的重量有近十万吨。这个重量，这么薄的殷瓦钢板是承受不起的，因此它的外面需要设置一层绝热箱。这层绝热箱既要减少液化气冷量向外传播，又要承受液化气的重量和在波浪中航行时液化气舱内液体的晃荡冲击力，因此绝热箱必须与0.7毫米的殷瓦钢薄膜紧密贴合才能承受这些外力，所以绝热箱的加工制造精度要求非常高，是以丝（1丝等于0.01毫米）为加工精度要求的箱子，要求每个绝热箱的高度、长度尺寸误差和最大变形率分别控制在30丝、50丝之内，最大变形率要求每米不超过6丝。

做出一个绝热箱也许不难，但是一艘船上有1 100多种、55 000个左右绝热箱都要做得如工艺品般精致，来共同组成这个"内胆"，那就是一件很难的事。任何一个绝热箱的制造精度"差之毫厘"，最终的

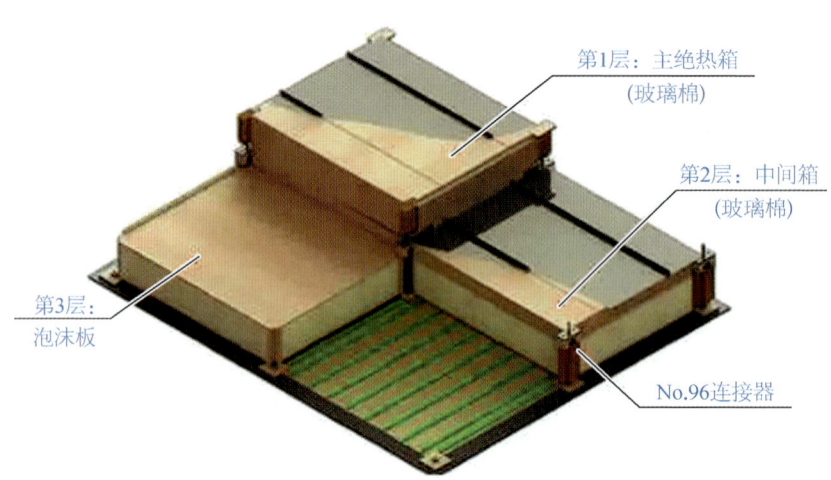

> 图196 绝热箱

围护系统就可能"谬以千里"。国外有一家公司就因为绝热箱的精度问题,使船停在码头几年无法交付,损失约300亿日元(约2.74亿美元)。

通常,绝热箱由上、中、下3层绝热层构成。其中,上层为主绝热层,高度为230毫米,内填充玻璃棉;中层高度为92毫米,内填充玻璃棉;下层为高度208毫米的聚氨酯泡沫层。

绝热箱的材料和结构决定了绝热性能的优劣,也决定了运输中液化气的日蒸发率的大小。早期的液化天然气船蒸发率为每天0.33%,现在蒸发率一般为每天0.1%左右。

我国对绝热箱的研究起步虽晚,但成果显著。经我国科研团队的努力,设计了具有独立自主知识产权的全新聚氨酯绝热箱机器人自动生产线,从下料、物流、打钉和填充,实现了绝热箱的高精度制造,合格率近100%,达到了国际先进水平;且绝热箱的生产线适用性高,可适应不同容积的液化天然气船型的绝热箱制造。据测试,液化气的蒸发率可降至每天0.1%,达到了国际先进水平。

 **掌握殷瓦钢三面体制造核心技术**

殷瓦部件是液化天然气船上的又一个核心部件,作为围护系统的一部分,是围护系统转角衔接区域的关键部件。殷瓦部件的制造精度要求非常高,如果制造精度有偏差,就不能同面上的绝热箱和殷瓦薄膜连接。

殷瓦部件加工必须拥有核心制作技术,取得GTT公司的认可证书才能将产品用于实船安装,但是这么先进的加工技术是无法在公开资料中找到的。我国技术人员赴国外船厂学习时,想了解掌握技术,

第5章 我国液化天然气船的诞生与发展

但是国外船厂对核心技术讳莫如深,严格保密核心加工数据。要想生产出合格的殷瓦部件产品,只有走自主创新的道路。

殷瓦部件中的殷瓦钢三面体是围护系统的一个核心部件,它位于液货舱边角,形状不规则,生产制作难度非常大。在液化天然气船建造初期,船东根据国外厂家经验,认为中国船厂不可能完成殷瓦钢三面体的生产任务,建议购买国外成品。从国外进口殷瓦钢三面体看似省心省力,但会导致国内无法掌握这一关键加工技术,核心技术受制于人,严重影响了液化天然气船的国产化。

困难面前从不服输的中国造船人,从拼装模型开始,寻找加工"秘笈",自创建造"武功"。因为没有任何参考资料,只能先发现问题,再解决问题。他们接连攻克了殷瓦钢三面体、殷瓦管等关键产品的制造技术难关,填补了国内液化气船殷瓦部件的加工空白。

中国液化天然气船建造史上第一个殷瓦钢三面体终于"降生"了!

 **泵塔制造达到国外先进水平**

泵塔是液化天然气船液货舱内的一种大型装置,它的主要功能是装卸和输送液态天然气,是建造液化天然气船的难点之一。

这种大型钢结构呈三角桅形,工作状态为垂直悬挂于液货舱内,除承担液化天然气正常的装船、卸船任务之外,还要发挥处置液货泵故障的应急功能。因此,泵塔的制作质量,直接关系到整个液货舱系统能否正常运行。

纵观世界造船强国,泵塔均委托专业配套厂制造。尽管我国是第一次建造液化天然气船,但决心自己来制作泵塔。

为了做好泵塔,船厂在工艺技术、人力资源、场地设备等方面做了大量的准备工作,对所有参加泵塔建造的员工进行技术培训,选派了10余名最优秀的电焊工参

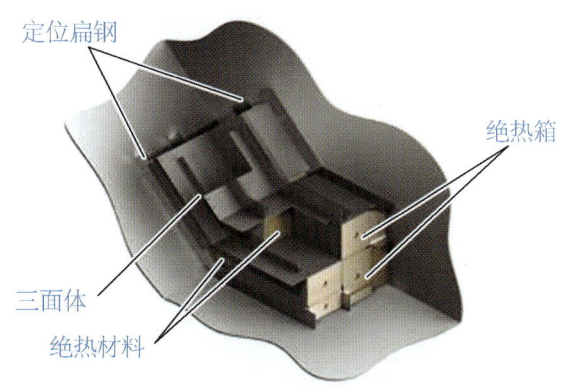

> 图197 殷瓦钢三面体

> 图198 泵塔

> 图199 矗立在液货舱中的泵塔

加低温管焊接培训,取得低温管焊接6G资格证书。装配工、起重工等其他工种人员也接受了技术培训,取得相应的资格证书。

2006年1月18日上午,液化天然气船泵塔顺利开工。由于泵塔制造工艺复杂、制造精度要求高,这对承担泵塔制作的团队而言,无疑是一次前所未有的挑战和考验。

2006年9月7日,首座泵塔顺利通过内部验收。9月11日,由法国GTT、船东和船级社组成的三方专家对泵塔进行结构验收。各位专家测量了首制泵塔的结构尺寸,对泵塔的主要结构件、应急泵管及主要泵管所形成的三角桅进行了现场检验。专家们对泵塔的外观质量和内在质量给予了充分肯定,一致认定首座液化天然气船泵塔制造合格。此泵塔不仅属国内首创,而且其制造技术也完全达到了国外同类产品的先进水平。

泵塔制造完成后,泵塔的安装难度也是很大的。首先泵塔很高,如17万立方米的液化天然气船的泵塔超过30米高,吊机需要将泵塔提升到甲板所有结构以上,然后将泵塔从专用的预留通道内吊入液货舱。此时,液货舱所有的保温材料均施工完毕。如果泵塔在吊装过程中碰到液货舱保温材料,造成殷瓦钢损伤破裂,那损失就不可估量的。在整个泵塔安装过程中,受过技术培训的起重工、装配工认真负责、一丝不苟,才能使每个泵塔安全、准确地安装到位。

> 图200 吊装中的泵塔

> 图201 安装好的泵塔

精益求精的建造与安装

液化天然气船对货舱内部的平整要求比一般船舶标准要高。一艘14.7万立方米的液化天然气船长292米、型宽43.35米，甲板面积相当于30多个篮球场大小，由200多个分段装焊而成，每个分段重量从几十吨到几百吨不等，全部由厚厚的钢板组成。这样体积庞大的一艘船，在建造精度上，对普通船舶允许一定范围累计误差，但是液化天然气船的精度要求远远高于普通船舶。

液化天然气船的4个液货舱建造成型后，要在舱壁上安装厚厚的绝热结构的货物围护系统，这就要求货舱的建造精度必须高，特别是舱壁的平整度要求非常高。如果舱壁凹凸不平，围护系统的安装就缺少基准平面，对围护系统的建造质量的影响将是致命的。

殷瓦钢和低温隔热材料是GTT型液化天然气船围护系统的主要材料，共同保证了船体不受低温侵害而产生脆性破坏，因而殷瓦钢和绝热箱的安装技术对围护系统的质量有重要影响。在殷瓦钢和绝热箱的安装前需要搭建专门的建造安装平台，供工人在液货舱内各个层面安装围护系统。液化天然气船货物围护系统安装平台可分为框架区域、通道区域和工作区域，通常建造约10层。框架区域由M形框架和C形连接梁组成。通道区域和工作区域统称伸缩梁区域，由钢跳板和胶合板覆盖。

仅液化天然气船货物围护系统脚手架就重达1 400吨，零部件上万个。为施工方便，每个零件的重量不能超过两个人的抬举能力。

安装平台的关键技术主要包括桩腿布置、悬伸梁和通道设计、角隅结构设计、支撑腿设计和斜坡设计五个方面。在安装平台基本结构的设计过程中，既要满足强度和稳定性要求，又要使复杂的工艺尽量便于施工。试想一下，绝热箱的表面既平整又光滑，而安装平台的桩腿支撑在底面绝热箱上，就必须防止损坏绝热箱的表面，这就需要仔细考虑绝热箱的受力。安装平台的角隅结构为加强的方形框架，并覆盖整个舱内安装范围。最后经过高精度控制建造，形成受力均匀的安装平台，保证绝热箱和殷瓦钢的建造质量。

一个货物围护系统的建造，通常是在工作平台搭建后，绝热箱装配人员进舱时，才算正式开工。绝热箱装配精度要求

高，速度要求快。全船共有1 000多种不同类型的绝热箱，安装后每米平整度误差必须控制在1.2毫米之内，因此每一步、每一个环节都要精准测量、精心操作。

> 图202　车间分段攀爬巡检

在薄如纸的钢板上"绣花"

液化天然气船既是漂浮的"海上超级冷冻库",也是"移动的沉睡原子弹",要使这颗"原子弹"永远不被唤醒,就需要建立一套非常特殊的密封保温层——货物围护系统。它像保温瓶的内胆一样,紧紧包覆在船舱内壁上,为了保证液化气不气化、不泄漏,必须保证液货舱围护系统零泄漏。因此,货物围护系统是整个液化天然气船建造中的关键,而殷瓦钢板的焊接更是围护系统关键中的关键。

货物围护系统内胆等部位是用一种叫殷瓦钢的特殊材料焊接而成的。这种殷瓦钢之所以特殊,因为它有三个特点:一是非常薄,厚度仅0.7毫米,相当于3～5张纸叠放在一起的厚度;二是金属性能在温度变化时非常稳定,能直接与−163摄氏度的液化天然气接触而不变形、开裂,

> 图203 人工焊接

第5章 我国液化天然气船的诞生与发展

热膨胀系数几乎为零，这对于几十米长、30～40米高和宽的液货舱，在-163摄氏度与常温的巨大温差下引起的热胀冷缩量可以忽略不计；三是非常娇贵，常温下接触到水或油，8小时以内就会生锈，而且由于殷瓦钢板厚度仅0.7毫米，一旦生锈，整张板都将报废。

如此薄，又如此娇贵，不能有一滴汗水落到上面，也不能留下手印，更不能有丝毫的损伤。有国外专家形容，在薄如蝉翼的殷瓦钢上焊接，好比是在钢板上绣花、在刀尖上起舞。没有高超的技艺，连一寸焊接都无法完成，更不用说一整艘液化天然气船。一艘14.7万立方米的船，殷瓦钢材料的面积相当于两个半足球场那样大，全船殷瓦钢的焊接长度达到130多千米，其中90%为机器自动焊接、10%机器无法焊接的地方需要人工焊接。

为了保证零泄漏，培养具有高超水平的殷瓦钢G证焊接工匠非常重要。在造船行业平时培养一名普通焊工需花费数千元，但培养一名合格的具有殷瓦钢G证的焊接工人则需要花费近20万元，而建造一艘液化天然气船需要近百名这样的焊工。

不仅如此，在液化天然气船建造过程中，焊接工人要严格遵循"轻伤必须下火线"的职业规范。工人每天上船施工前，都要检查身体和环境条件：心跳快，不能施工；血压高，不能施工；情绪不好，不能施工；如果有伤，就更不能施工；没有除湿功能的空调，不能施工；没戴橡胶手套，不能施工……这就是建造液化天然气船对技术工人提出的职业要求，谁都不得越雷池一步。

> 图204　电焊工在工作（自动焊）

殷瓦钢G证焊工（殷瓦钢手工焊接）

殷瓦钢手工焊接几乎是世界上难度最高的焊接技术，能够在液化天然气船上进行全位置殷瓦钢手工焊接的焊工，必须经过围护系统专利公司法国GTT公司的严格考核，取得代表焊工最高水平的G证（焊工中最高级别证书），才能上岗作业。

法国GTT公司的G证考核，内容包括平、仰、立各个姿势，以及平对接、角对接或搭接，焊接质量要求波纹整齐、成型美观。评判标准要通过严格的切片，又经过显微镜的镜像试验观察来确定。

"浩瀚星空"中寻找针眼般的漏点

全船130千米左右焊缝长度,无论是机器自动焊接,还是人工焊接,都要100%的探伤、100%的检验,要确保所有的焊缝不能有任何泄漏,这个难度可想而知。但没有办法,因为只要有一个哪怕是针眼那么大小的地方焊接不到位,就等于埋下了一颗威力巨大的定时炸弹。

试想一下,如果满载液化天然气航行的液化天然气船因为天然气泄漏,将会导致一场船毁人亡的惨剧。如果液化天然气船正在港口卸货,后果将更加可怕,其能量将给城市带来极大损坏。

围护系统密性试验是液货舱建造最后一道工序,也是验证围护系统成败的关键工作,更是交付客户前保证成品船营运寿命的"关卡"工序。其中,利用氦气分子的穿透性来检测焊缝泄漏点的试验是一项高灵敏的检测试验。虽然可测出极细小漏孔,但也意味着试验对环境的要求十分苛刻,如果试验区域没有得到有效清洁,表面残留有灰尘、油污、显示剂、铁屑等污染物,那么就有可能堵塞那些较为细小的

> 图205 液货舱内进行舱壁检测

漏孔，造成仪器无法识别，从而造成漏检，影响试验的准确性。这就要求测试人员严格按照规范操作仪器，尤其是控制好检测的参数和检测速度，保证测试结果的可靠性。

这个测试过程极其乏味，数十小时的监测、单一的操作、机器的噪声，让人昏昏欲睡。但试验人员必须对仪器的灵敏性和它的运行速度进行每2小时一次的校准。这种手工检测对责任心要求非常高，无论手举着设备有多累，无论测试的区域有多么狭小，都必须保持手法准确和速度标准，还要关注仪器的运行状态。有些较小的泄漏，仪器对它们的反应不太明显，思想稍不集中就会造成漏检。而对于围护系统这个精密的容器来说，每一个漏点都可能是致命的。

因此，气密性试验小组的成员将每个区域的测试情况、结束时间和检测人员等信息，直接记录在测试区表示殷瓦膜的图纸上，并建立相互监督机制。

氦气嗅探仪是一种非常精密的仪器，价格昂贵，对工作环境的要求很高，如果不注意被检殷瓦板焊缝的清洁，灵敏度会下降，影响试验结果的准确性。所以在使用仪器时，还要注意保养，每次试验结束都要对所有仪器进行清洁、加油、校准，每一步都需要细致入微。虽然仪器有问题的概率很小，但气密性试验本身就是对小概率情况检查的工作，稍有疏忽就会酿成大祸。

温度传感器用于测量液货舱内外部各

> 图206　氦气嗅探仪

个位置的温度，温度作为压力变化的重要影响因素是不可缺少的一个参数。如果因传感线路被损坏而造成数据缺失，就会直接影响试验结果的准确性，严重的话，将导致整个试验的返工。因此，气密性试验小组每天早、中、晚都要巡视船上铺设的管路线缆是否完好，全船试验期间更是每小时都要巡视。

在脚手板上一步步地挪动，在斜面、顶面不停地安上、取下几十斤重的设备，眼睛一眨不眨地看着仪表，耳朵不放过一丝一毫的异常。站在大舱底，仰望37 000立方米容积的大舱，看着30多米高闪闪发光的泵塔，感觉人小得就像沧海一粟。环顾大舱，如对浩瀚星空。

检验人员在设备正常运转的"嘟—嘟—"声中，用"雷达"似的耳朵时刻搜索是否夹有轻微的、局促的、类似轻轻敲

> 图207 深舱巡检

门声的报警声,任何一个泄漏点(哪怕微小到丝),都逃不过他们灵敏的耳朵和眼睛。这种警觉反应,来自诚信基础上所进行的高度严格的职业训练。

> 图208 液货舱舱内

第5章 我国液化天然气船的诞生与发展

十年铸剑摘取"皇冠明珠"

从1988年中国造船人初识液化气船，到1997年开始投入液化天然气船前期预研，在国家政策、资金支持下，从研发、设计、攻关，到设施改造、人员培训、管理体系建立，历时7年苦练"内功"、3年艰苦攻关自主建造，终于完成了首艘大型液化天然气船的建造。

2008年4月，我国第一艘液化天然气船"大鹏昊"号交船，意味着中国造船人终于摘取了世界造船皇冠上的璀璨"明珠"，终于踏进了这座高水平造船技术的宫殿。

随后我国又先后建造了4艘14.7万立方米大型液化天然气船，分别命名为"大鹏月"号、"大鹏星"号、"闽榕"号和"闽鹭"号。

我国制造的第二艘和第三艘液化天然

> 图209 航行中的"大鹏昊"号液化天然气船

气船"大鹏月"号和"大鹏星"号也是为广东大型液化天然气运输项目建造的。两船同"大鹏昊"号属同一级别,货舱类型为GTT No.96 E—2薄膜型,由于掌握了液化气船的设计建造技术,船坞周期仅为160天,比首制船缩短近1个月,码头周期比首制船缩短66天,总建造周期比首制船缩短126天。

> 图210 "大鹏月"号液化天然气船

> 图211 "大鹏星"号液化天然气船试航归来

> 图212 "闵榕"号液化天然气船

后来建造的"闵榕"号和"闵鹭"号两船总建造周期比首制船"大鹏昊"缩短了一百多天。

这五艘批量建造的液化天然气船,不仅标志我国已成功掌握这一世界尖端造船技术,也提升我国船舶工业在国际市场上的竞争力,而且通过液化天然气船的建造,带动了相关产业的发展。

> 图213 "闵鹭"号液化天然气船

另外，值得一提的是我国建造的第六艘14.7万立方米大型薄膜型液化天然气船"申海"号，其建造周期明显缩短，建造质量大幅提高，特别是货物围护系统建造工作取得巨大突破，在液货舱主屏壁殷瓦钢薄膜的焊缝测试最终检验中，创造了130千米殷瓦钢薄膜焊接泄漏点为零的纪录，令外国专家也惊叹为"建造奇迹"，因为即使是当今世界上一些造船强国建造液化天然气船的货物围护系统，焊接泄漏点平均也都有3～5个。创造"零泄漏点"纪录，在世界范围内确属不易。

通过不懈努力，我国先后完成了液化天然气船技术工艺攻关项目80多项，成功申请了包括"专用绝热箱制造专利""泵塔制造专利""殷瓦部件制造专利"在内的几十项与大型薄膜型液化天然气船关键技术相关专利。通过引进、消化、吸收、再创新的方式，我国在液化天然气船建造的关键技术中取得了突破，形成了自主知识产权，为中国液化天然气船建造打下了坚实的基础。

> 图214 "申海"号液化天然气船

第5章 我国液化天然气船的诞生与发展

多型液化天然气船相继诞生

随着首批6艘液化天然气船的成功建造，中国又组织力量积极开发液化天然气船新船型，提高制造技术和建造水平，增强市场竞争力，建造了一大批具有技术先进、节能环保等特色的液化天然气船。

> 图215 沪东中华造船厂多艘液化天然气船停在码头，等待出航

我国首艘出口的液化天然气船"巴布亚"号

"巴布亚"号液化天然气船是我国自行设计、建造的第一艘大型出口液化天然气船,它标志着我国设计、建造液化天然气船已达到了国际水平。

该船总长290米、型宽46.95米。与"大鹏昊"系列船比较,该船装货量增加11.7%,为17.2万立方米,燃油消耗却大大下降,在舱容和性能等各项指标上实现了全面飞跃。

该船采用双主机、双舵机、双螺旋桨的双艉推进系统,在推进系统出现任意单一故障的情况下,仍然能够以2/3的航速航行。该船具有极高的可靠性和安全性。

"巴布亚"号配备了容量达到货舱气体110%蒸发率的再液化设备,可以确保货舱中蒸发气能够100%被回收,最大限度地减少了液化天然气在货运过程中的损失,可以满足需要最大化货物交付的航运新要求。

> 图216 "巴布亚"号液化天然气船

巨无霸型出口液化气船

"南十字星"号、"北斗星"号、"天堂鸟"号和"巴布亚"号是4艘液化天然气姐妹船，也是当时中国建造的最大的液化天然气出口船，每艘船总容量17.2万立方米，比上海全市2 400万居民用户一个月的用气量还要大。4艘液化天然气船为同一船型，交船后将租给埃克森美孚公司使用，为美孚石油从巴布亚新几内亚和澳大利亚为我国运送液化天然气。4艘液化天然气船均是我国自行设计、建造并且拥有自主知识产权的第一批出口型液化天然气船。

> 图217 "南十字星"号液化天然气船

液化气船

> 图218 "北斗星"号液化天然气船

> 图219 "天堂鸟"号液化天然气船出坞

第5章 我国液化天然气船的诞生与发展

环保型液化气船——"中能六兄弟"

"中能六兄弟"分别是我国建造的"中能福石"号、"中能青岛"号、"中能天津"号、"中能北海"号、"中能温州"号、"中能连云港"号6艘液化天然气船,它们主要服务于澳大利亚至我国天津、北海、青岛等港口的液化天然气航线,总运输量超过500万吨,为我国天津等北方地区提供切实有效的天然气能源保障。

"中能"6艘液化天然气船是当时全球最先进、最环保的液化天然气船之一,也是世界上首批采用双燃料电力推进系统的大型液化天然气船之一。"中能"每艘船单次运载液化气17.4万立方米,相当于每年为我国减排二氧化碳806万吨,约等于植树1 700万棵。

> 图220 "中能北海"号液化天然气船

> 图221 "中能天津"号液化天然气船

液化气船

> 图222 "中能福石"号液化天然气船

> 图223 "中能温州"号液化天然气船

第5章 我国液化天然气船的诞生与发展

> 图224 "中能连云港"号液化天然气船

> 图225 "中能青岛"号液化天然气船

高科技型液化气船——"泛家四姐妹"

"泛家四姐妹"是我国建造的"泛亚"号、"泛美"号、"泛欧"号、"泛非"号4艘17.4万立方米液化天然气船,它们主要用于运输澳大利亚昆士兰州生产的液化天然气,每年将向中国输送360万吨的液化天然气。每条船一次运输的天然气为1亿多立方米。

2017年10月,首制船"泛亚"号交付,该船入级中国船级社(CCS)和美国船级社(ABS)。全船共计四个采用GTT No.96型货物围护系统的薄膜型液货舱。

"泛家四姐妹"集中了我国造船的高科技成果,采用了双轴系倾斜布置、短球艏、低转速、双艉线型优化等一系列新设计理念;同时具有货舱蒸发气最优化处理,降低货损率等能力,日蒸发率降低到0.1%,为典型的高附加值、高技术含量船舶。该船申请了CCS双燃料发动机动力装置DFD和绿色护照GPR等附加标志,满足最新国际压载水公约的技术要求。

这4艘船均采用电力推进、带再液化装置,并采用洛克赛克电磁兼容技术为该船提供高等级的电气安全防护,实现电位均衡和电磁屏蔽,防止电磁干扰,确保航行数据准确和高精度运行,提高了设备和系统的抗干扰能力,更加保障了船舶和人身的安全。

> 图226 航行中的"泛亚"号

第5章 我国液化天然气船的诞生与发展

洛克赛克电磁兼容技术

船舶为了安全,将不同处所相邻的围壁和甲板分为A、B、C几种防火级别,并要求通过这些位置的电缆、管件等通舱件要和这些位置的防火级别一致。瑞典洛克赛克电磁兼容密封系统以模块化为基础,六种标准模块可适应直径为3.0～99毫米的电缆和管件。该密封系统不但能防火,而且还能做到水密和气密。

船　坞

船坞是用于造船或修船的设施,是船厂造船、船舶大修和中修的工作平台。船坞分干船坞和浮船坞两种,干船坞应用较多,一般讲的船坞即为干船坞。干船坞是一个用钢筋混凝土建造的开敞式的位于地面之下的大型凹形建筑物,灌水后可允许船舶进出,排水后能在坞底上修造船舶。当船舶要进坞修理时,首先用灌泄水设施向坞内灌水,待坞内与坞外水位齐平时,打开坞门,利用牵引设备将船舶慢速牵入坞内,之后关上坞门,将坞内水抽干,使船舶坐落在龙骨墩上。船舶造修好出坞时,再向坞内灌水,至坞门内外水位平齐时,打开坞门,牵船出坞。

> 图227 "泛亚"号正在出坞

> 图228 全球最新型17.4万立方米液化天然气船"泛美"号在航行中

> 图229 航行中的"泛欧"号液化天然气船

第5章 我国液化天然气船的诞生与发展

多用途液化气船——"龙"型系列

"龙"型系列液化天然气船是2013年我国为丹麦建造的6艘2.75万立方米多用途液化气船。这6艘液化天然气船用于Mariner东部项目，向欧洲运输乙烷、天然气和石油气。

该系列液化天然气船，船长180米、型宽26.6米、货舱容积2.75万立方米，使用液化天然气作燃料。该船集多项创新设计于一体，以实现安全、环境保护和高效操作。该船采用液化天然气燃料系统和货物处理系统，配备压载水处理系统，有效保护海洋环境。它装备C型独立式双体罐，能够装载液化天然气、液化乙烯、液化石油气等多种气体，为当时先进灵活的多用途、双燃料液化气船。

2015年7月，第一艘"英力士洞悉"号和第二艘"英力士独创"号同时交船。

> 图230 "龙"型系列27 500立方米液化气船

> 图231 "龙"型系列第五艘2.75万立方米液化天然气船

> 图232 "龙"型系列第六艘2.75万立方米液化天然气船

服务国内的支线液化天然气船

"海洋石油301"号是国内第一艘拥有全部自主知识产权的液化天然气支线船。

该船总长184.7米、型宽28.1米、总吨位25 014吨、设计航速16.5节,货轮内设置4个C型独立式液货罐,总舱容可达3万立方米。

该船采用双燃料电力推进系统,双燃料发电机组主要采用液化天然气运输途中产生的蒸发气作燃料,降低了能源损失,提高了船舶能效水平,从而降低船舶营运成本。该船满足中国船级社 I 级绿色船舶要求,能大幅减少二氧化碳、氮氧化物及硫化物的排放,减少对海洋、陆地、大气环境的污染。

另一艘1.4万立方米支线液化天然气船"华祥8"号的液货系统是我国自主研制的,液货系统的设备全部是国产设备。

液货系统是液化气船的核心,其建造成本高达整船造价的1/3,过去我国建造的液化天然气船的液货系统均由国外公司打包集成提供。该船经科研设计人员齐心协力、共同攻关,成功完成了低温货物围护系统、货物输送及处理系统、燃气及双壁管通风系统等的设计,并取得船级社的认可。在2017年4月进行了液氮预冷试验,液货系统管系及货物围护系统经受了-163摄氏度的考验。

> 图233 "海洋石油301"号液化天然气船

液化气船

> 图234 "华祥8"号液化天然气船

第5章 我国液化天然气船的诞生与发展 | 179

小贴士

锚　地

锚地又称"泊地",为适宜船舶安全锚泊的水域。按用途有避风、候潮、待泊、引航、检疫、装卸货物等锚地。在各港管辖范围内,锚地由港方指定,并于海图上标明。一个良好的锚地应有一定的遮风条件;周围有足够陆标可随时测定船位和锚位;水域要开阔,便于活动,水深适当,水流平缓,潮流最好不是回旋型的;海底应平坦,底质以黏土、泥、沙为宜。

第 6 章
液化气船的未来之路

液化气船

随着海洋油气的勘探开发和天然气的大量使用,世界液化气市场被长期看好,也促进了液化气船的建造需求和发展。液化天然气船诞生以来共出现了三次液化天然气船的建造高潮:

20世纪70年代,印度尼西亚和马来西亚大量出口液化天然气,引发了第一次建造高潮;

20世纪90年代中后期,石油价格上涨致使卡塔尔等新兴生产地区开始出口液化天然气,出现第二次建造高潮;

2002年以后,尼日利亚、阿联酋等液化天然气项目陆续投产,对液化天然气船的需求量猛增,形成了第三次建造高潮。

那么,伴随着科学技术的飞速发展和人类对液化气需求的不断增长,液化气船又会走向何方呢?

> 图235 我国待建的22万立方米液化天然气船

第6章 液化气船的未来之路

船型趋向多样化

未来的液化气船根据液化气市场应用需求，在船型优化方面将朝着多样化方面发展。

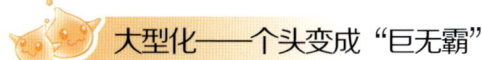

大型化——个头变成"巨无霸"

在已经建造的液化天然气船中：船龄在5年以内的新船中8万总吨以上的占总数的81.5%以上。在2004年全球新船订单中，只有3艘船的舱容小于14.5万立方米，最大的4艘液化天然气船的舱容达到21.6万立方米；韩国为卡塔尔项目开发的最新船型舱容达到了25万立方米。因此，从经济性考虑，大型化已是液化天然气船的大势所趋，一艘艘"巨无霸"型的液化气船将横空出世。

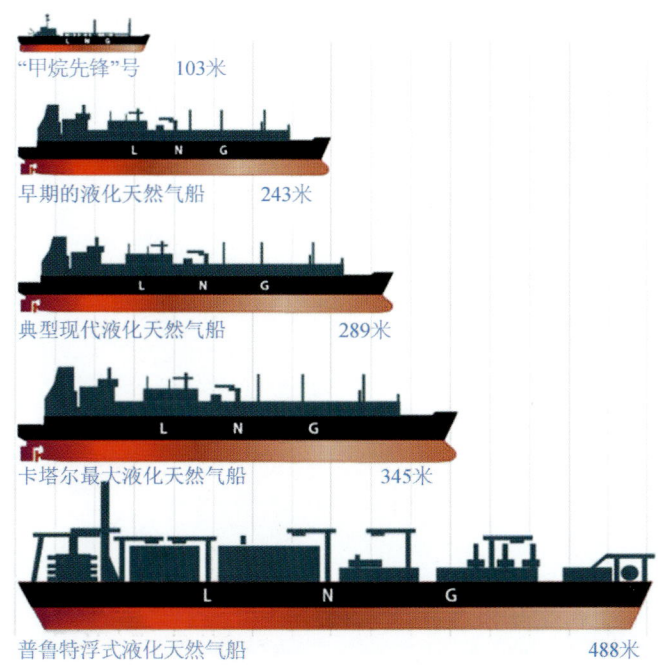

> 图236 液化天然气船建造容量越来越大

 标准化——部分将变成"统一款"

众所周知,液化天然气船是"三高船舶",拥有液化天然气船的船东需要巨大的初期投资,需要根据液化天然气的生产方和消费方的供求计划选择最合适的液化天然气船(如选择何种船型、航速、吨位等基本要素),所以大多数是项目船。

从市场经济角度看,液化天然气运输

> 图237　17.4万立方米"中能连云港"号液化天然气船

 第6章 液化气船的未来之路

> 图238 17.4万立方米"中能福石"号液化天然气船

同其他海上货物运输一样，买方不会只和一家卖方合作，由于经济、贸易、服务质量等很多不特定的因素，使生产方和多家消费方签订供求合同，这样液化天然气船需在不同的码头装卸货物，采用通用性高的标准船型，使用各种天然气的码头均可装卸，不仅可提高经济效益，还方便了广大天然气的用户。

小贴士

项目船和现货船

在航运这一周期性行业中，液化天然气运输是比较特殊的稳健性业务。液化天然气运输分项目船运输和现货船运输。液化天然气的生产方和消费方是相对固定的，在相互信任的基础上，进行巨大的初期投资。双方要建专用码头、生产方接收终端、消费方接收终端、适合双方的液化天然气船等。如沪东中华厂建造的6艘"中能"系列液化天然气船就是专门将澳大利亚的天然气运到我国天津、北海、青岛等港口，一般要服务25年以上。据统计，目前全球约80%的液化天然气船都是项目船。

部分地区需要"迷你型"

液化气的生产、运输系统是一项巨大的工程和投资。对于液化气需求较大的地区可以通过大型液化气船及布置管网的方式实现液化气的输送和供给。而对于液化气需求量较小的地区，很长一段时间以来，由于难以建造相关的管网设施，液化气很难供给部分有需求的使用者。为此，就应提出在保证经济性的前提下对这些用户实现液化气的输送和供给的新方案。

小规模的液化气配送系统包括小型近海液化气船舶、当地的接收终端及多模式下分配终端。比起通过管道网络或大型船提供液化气的地区，这一方案可以使得对液化气需求量较小的地方也可以获得相应的供给。现在许多海岛的发电厂及大量的船舶都配置了双燃料柴油机，都需要供应液化气，这为小型液化气船的发展又提供了大量用户。

总的来说，一个小型的近岸液化气配送方案，可以使小规模需求的地方获得较为经济的液化气。随着这一方案的进一步发展，它在经济性方面更具竞争力，因为主要的投资仅为船舶和标准化的储存设施，而船舶的数量及存储设施规模都可以随着发展而改变，从而满足未来对于液化气的需求。

> 图239　2 876吨小型液化气运输船"春兴128"号

第6章　液化气船的未来之路 | 187

 **集装箱运输**

液化天然气罐式集装箱（简称"罐箱"）就是把储存液化天然气的液罐安装固定在标准集装箱尺寸的框架上，罐箱的起吊、堆存、运输和一般集装箱一样，可实现公路、铁路、水运之间无中间环节的便利长途联运模式。

罐箱整船运输具有灵活、成本低和标准化等优点。运输中无须更换设备，也无须准备液化天然气槽车，更不必兴建接收装置，可利用现有的集装箱船和集装箱码头。通过多式联运，可实现"一罐到底"和"门对门"运输，可满足偏远地区、山区、岛屿等地的能源需求。

> 图240　液化天然气罐式集装箱

动力更加绿色化

长期以来,液化天然气船的推进主机均用液化天然气蒸发气在锅炉燃烧产生蒸汽驱动蒸汽轮机。进入21世纪后,随着船用再液化系统、双燃料柴油发动机的相继推出及电力推进技术的逐渐成熟,作为液化天然气船单一蒸汽轮机推进系统的局面已经得到了改观,出现了多种推进系统并存的格局,相继推出了双燃料柴油机-蒸汽轮机联合推进系统、双燃料柴油机-电力推进系统等,液化天然气船的推进主机逐渐进入了柴油机时代。

与蒸汽轮机相比,双燃料柴油机、普

> 图241 太阳能双体船

第6章 液化气船的未来之路

通低速柴油机和燃气轮机的热效率均超过40%，而蒸汽轮机的热效率仅为30%左右。液化天然气和石油一样都是化石燃料，虽然燃烧液化天然气造成的污染比燃烧石油少，但也会污染海洋和大气环境，给地球增加负担。

太阳的能量取之不尽、用之不竭。陆上利用太阳能的场所已不少，如太阳灶、太阳浴、太阳能温室等，但船舶利用太阳能还刚开始，并且目前都是一些小船，如双体船、帆船、游艇等。由于这些船长度只有十几米，没有那么大的面积来安装太阳能电池板，而且一般货船甲板上有很大的开口，并有活动的舱盖，供装卸货物用，不能安装电池板，因此在应用太阳能方面存在限制。

液化气船也有先天有利条件，如液货装卸是通过管道来完成的，且无论是采用独立球罐形还是薄膜型作为液货舱，安装好后就固定不动，甲板上有大量的平板面

> 图242 太阳能帆船

积可用来安装电池板，这些都给利用太阳能提供了便利。

陆上利用太阳能多靠用半导体薄膜和玻璃制成的太阳能电池板，目前已有用碲化镉薄膜制成的太阳能电池板，也称"发电玻璃"，比同等面积的老式半导体太阳能发电板的发电量要大。随着科学的进步和发展，一定会发明更高效的太阳能电池板或其他利用太阳能的装置，将使太阳能作为大型液化气船舶的动力成为现实。

> 图243 太阳能游艇

控制走向无人化

未来的船舶可能不需要船长，也就是没有人操纵，船就可以自由地穿越海洋。工程师们可以在半个地球之外像玩电子游戏那样，手握操纵杆，通过卫星直接和船相连，使船能够精确地航行，这就是智能化船舶。

智能化船舶装配有以人工智能技术为基础的自动航行系统，可利用物联网等技术，及时收集、分析与海域天气、危险障碍物及货物有关的数据。基于先进的传感技术、数据分析、控制和通信技术，能够实现辅助决策、远程控制和无人自动操作，使船舶营运更安全、更经济、更高效。

智能化船舶是当今船舶追求的方向，也是提高船舶安全的有效手段。为了提高液化天然气运输及船舶航行的安全性，液化天然气船的智能化也将是大势所趋。

和所有智能化船舶一样，未来的液化天然气智能船将在构建以船舶自主感知、认知、预测和决策为主要形式的有人智能化液化天然气船的基础上，再利用更先进的感知和通信技术，开展以远程操控为主要形式的无人智能化船舶。

> 图244 远程遥控的智能化船舶

进军寒区抗冻性

近年来,随着全球对天然气需求的增加,寒冷地带天然气田的开发带动了适宜在冰区海域航行的液化天然气船的需求,预计今后以俄罗斯北冰洋沿岸项目为中心,将有更大的市场。对此,各船级社、船东和造船厂都开始研究液化天然气船的抗寒对策。

由于寒冷地带环境条件各不相同,因此需要从航路环境和经济效益来考虑合理的设计。由于航路为低温结冰海域,所以液化天然气船所选用的钢材、主机、舾装件等都有特殊的耐低温要求,其船体结构和推进系统也要采取防冻措施。

中国液化天然气运输有限公司投资了11艘冰级液化天然气船,服务位于北极的俄罗斯亚马尔天然气运输项目。

> 图245 液化天然气船在冰区航行

> 图246　17.2万立方米冰级液化天然气船

> 图247　适应北极航线的液化天然气船

参考文献

1. 范思奇.液化气体船.大连：大连海运学院出版社，1993.
2. 张振新，叶初华，何长中.液化气船船型结构、设备与安全运输.北京：人民交通出版社，1994.
3. 惠美洋彦.液化气船实用手册.黄胜，马鉴恩，刘英贵，等，译.哈尔滨：哈尔滨船舶工程学院出版社，1992.
4. 中国船舶工业集团公司，中国船舶重工集团公司，中国造船工程学会.船舶设计手册（总体分册）：第3版.北京：国防工业出版社，2013.
5. 中国船舶工业集团公司，中国船舶重工集团公司，中国造船工程学会.船舶设计手册（轮机分册）：第3版.北京：国防工业出版社，2013.
6. 三菱重工业株式会社.LNG船的技术和发展趋势.船的科学，2001（54）：2.
7. 王捷，陈永芳，胡贤民.液化天然气运输船主推进装置的发展趋势.造船技术，2007（4）：30-31，34.
8. 郭朋鸥.液化石油气船安全技术与管理.北京：中国劳动出版社，1991.

后 记

新中国成立以来，我国舰船与海洋工程装备从小到大，由弱变强，实现了跨越式发展，为捍卫我国海疆和保障国民经济的发展作出了巨大贡献。为了使广大青少年和公众读者了解到我国舰船研制的艰难历程和取得的成就，中国船舶及海洋工程设计研究院、上海市船舶与海洋工程学会、上海交通大学及上海科学技术出版社密切携手，编纂出版"国之重器——舰船科普丛书"，向中华人民共和国建国70周年献礼。

此套丛书编写得到曾恒一院士、潘镜芙院士以及80多位新老科学家的响应和支持，为其顺利出版奠定了基础。丛书编纂中，注重原创，努力将科学性、权威性、严谨性贯穿始终，把技术性、知识性、趣味性融于一体，把舰与船的专业知识从学术殿堂驶达青少年和公众读者的心田。

上海市船舶与海洋工程学会理事长邢文华、中国船舶及海洋工程设计研究院党委书记卢霖、江南造船（集团）有限责任公司董事长林鸥、沪东中华造船（集团）有限公司纪委书记胡敬东等领导对这套丛书的编撰出版予以多方支持和鼓励，并明确指示：该丛书的编撰是一项系统工程，要求高、时间紧、工作量大，要发挥科技人员的参与意识和普及"国之重器"科学知识的积极性，努力把丛书编好，使它成为一部向广大青少年和公众读者科学普及舰船知识，弘扬海洋文化，开展国防教育的好丛书。

100多位从事舰船及海洋工程科研、设计、建造的专家和老、中、青三代科技工作者参与了丛书的编写。撰写者大多是肩负科研任务的一线科研工作者，只能利用业余时间进行编写；他们不是专业的科普作者，但要完成从建造者到教育者、从设计员到讲解员的角色转换；学术著作可以精尖高深，科普文章却要浅显易懂，要像对学生上课一样，心口相传，绘声绘色，这对他们而言绝非易事。但面对困难，他们不曾退缩。在大家的心中，参与丛书编撰不仅是对投身舰船科研、设计、建造实践的重塑，更是为了中国造船事业后继有人、薪火相传。从领受编撰任务的那一天起，他们酝酿推敲、遴选谋篇、不辞辛劳、不舍昼夜，把对科学的爱、对祖国的情凝练成书香墨宝。

历经2年，这部丛书终于与读者见面了。丛书的编撰得到众多单位支持，并成立丛书专家委员会，严格遵循资料汇

后 记

总、提纲拟制、内容撰写、审查把关、全稿统筹的编纂规律，先后多次召开书稿初审会、复审会和终审会，确保内容准确、权威。

因此，"国之重器——舰船科普丛书"具有以下特点：

一是广泛性。丛书涵盖了当今世界主要舰（船）种，内容包括舰船的诞生、发展历程、关键系统设备和发展前景等，是目前已出版舰船科普丛书中较齐全、较系统的一套科普丛书。

二是原创性。目前市场上有关舰船方面的科普图书屡见不鲜，但引进的多，原创的少，而这套丛书立足于国内舰船研制历程，经过精心策划，历经2年的努力原创而成。

三是权威性。丛书由中国船舶及海洋工程设计研究院、上海市船舶与海洋工程学会和上海交通大学主编，联合江南造船（集团）有限责任公司、沪东中华造船（集团）有限公司、上海外高桥造船有限公司、中国海洋石油集团有限公司等单位，还成立了由曾恒一院士、潘镜芙院士领衔的专家委员会对丛书内容进行专业技术上的把关，保证了此书的科学性和权威性。

四是充满情怀。习近平总书记指出：科技创新、科学普及是实现国家创新发展的两翼，要把科学普及放在与科技创新同等重要的位置。丛书正是基于这一精神向全民，特别是青少年介绍舰船科技知识，弘扬科学精神，传播科学思想和科学方法，激发爱国热情，使全民关心、热爱、支持国防建设和舰船事业的发展，为实现强军梦、强国梦尽一份心力。

五是集体创作。老、中、青100多位科技工作者参加丛书编撰，每分册从提纲到初稿、定稿，均经众人讨论、修改，所以说丛书是集体创作的成果。

丛书编写过程中参考了一些书籍和报刊，引用了一些观点和图片，在此表示诚挚的谢意。

贺慧琼、李银涛高级工程师参加此书的编写，并提供资料。在丛书出版发行之际，向各位专家、全体编撰人员，以及关心、支持丛书编撰出版的有关单位和个人表示崇高的敬意。

对于书中不妥之处，希望广大读者予以指正。

张 毅

2018年8月

国之重器——舰船科普丛书 出版工作委员会

■ **主　任**
温泽远

■ **副主任**
魏晓峰

■ **执行主任**
侯培东

■ **策划编辑**
楼玲玲　陈　立　潘慧中　陈晏平

■ **编辑人员**（以姓氏笔画为序）
王　辉　朱永刚　杨　燕　李　艳　李宏瑞　沈晓平　张　帆　张钰琼　陈　立　陈　晨
陈晏平　姚晨辉　高军晓　高爱华　黄丽芬　楼玲玲　潘慧中

■ **美术编辑**
赵　军　潘慧中

■ **技术编辑**
张志建　吕　伟　陈美生　王晓颖　王永容

■ **责任校对**
朱　虹　陈敏芳　卢文斌　李瑶君　翟　红

■ **发行推广**
罗小林　李　旻　杨　淦　朱旖旎　李宏瑞　陈　立　潘慧中　陈美生

■ **特约顾问**
田小川　李维靖

本书内容由中国船舶及海洋工程设计研究院审定。本书所使用的图片由中国船舶及海洋工程设计研究院、上海市船舶与海洋工程学会、上海交通大学、江南造船（集团）有限责任公司、沪东中华造船（集团）有限公司、上海外高桥造船有限公司、中国海洋石油集团有限公司、中船重工第七一四研究所、少年儿童出版社等提供。

特别说明：本书中可能存在未能联系到版权所有者的图片，请见书后与上海科学技术出版社联系。